梦里梦外，

哪个是真的你？

中国解梦师解梦实录
情感真相

成实宗 著

中国商业出版社

图书在版编目（CIP）数据

中国解梦师解梦实录：情感真相/成实宗著．—北京：中国商业出版社，2012.4
ISBN 978-7-5044-7188-8

Ⅰ.①中… Ⅱ.①成… Ⅲ.①梦—精神分析 Ⅳ.①B845.1

中国版本图书馆CIP数据核字（2012）第053608号

责任编辑：王 彦

中 国 商 业 出 版 社 出 版 发 行
010-63033100 www.c-cbook.com
（100053 北京广安门内报国寺1号）
新华书店总店北京发行所经销
北京慧美印刷有限公司

* * * * *

700毫米×980毫米 1/16开 16印张 205千字
2012年5月第1版 2012年5月第1次印刷

定价：32.90元

* * * *

目录

很多人对前世来生很感兴趣，特别是对在催眠中或者梦境中回到前世或去到来生更是痴迷。经常有人将信将疑地问我，到底有没有前世来生？我的回答是，这要看从什么角度来看。而我说的角度，其实就是两个：物理的和心理的。本文的案例，就是一出穿越古今的愁肠百结的爱情故事。

女人经常问：是到底先有性还是先有爱？甚至自诩她们才是先有爱后有性的，而男人则是先有性后有爱的禽兽。其实，性与爱的关系就如同鸡与蛋的关系一样，似乎永远都说不清道不明。或者我们可以这样说，性与爱的关系就如同硬币的两面一样，是相互依存的。

很多人相信梦的预兆，认为梦是神灵给我们传递的未来的信息。因此，当我们做了关于父母、亲友生病，甚至死亡的梦时，每个人都会惶恐不安，担心噩梦成真。真实的情况是不是这样的呢？梦境中的信息到底是神灵的启示，还是我们自己内心的某种情结呢？读了这个案例，你会找到答案。

同性之情与同性之恋的界限在哪里？是以性的关系为界还是以情的性质来判断呢？有时候，情的深度远超于性，而我们又如何为一段感情下一个关于性与情的定义呢？

关于爱情，原来我们以为是两性相吸，但是，当后来我们发现同性也可以相吸时，顿时就傻眼了——到底什么是爱情？其实，最能说明爱情本质的，既不是异性恋，也不是同性恋，而是双性恋！因为双性恋充分证明了爱情与性别无关，甚至与物种无关，正如本文女主角所说的那样：“我爱的既非庸男，也非俗女，我爱的是那颗心。”

一转眼，“剩女”问题已经成为一个社会问题，这么多的优秀女孩竟然被“剩”了下来，原因何在？是她们不够优秀吗，抑或是她们过于优秀？或者我们应该从深层次的潜意识心理上去找原因——人们恐惧婚姻，可能并不是害怕失去爱情，而是害怕失去自我。

爱情从本质上来说，其实并不是一次情感的选择，而是一种生活方式的选择——对自我生活方式的取舍。

你今天为什么会成为这个样子？你为什么会有这样的心理状态？你为什么有这样的人际关系状态？为什么你的内心总是惶恐不安？你为什么会找到这样的情侣？这些都与我们童年的经历有着千丝万缕的联系。很多人根本不了解这一点，一直生活在惘然和困惑之中。童年的经历到底会对我们今天的生活产生什么样的影响呢？看完这个童年的噩梦你就会知道。

爱情是什么？两性相吸？不一定，前面我们说了，同性之间也可以相吸，甚至存在双性恋现象。那么，是灵与肉的结合？也不一定，难道没有肉体关系就一定没有爱情？看来人类对爱的理解实在是太肤浅了，我们总以为这样才是爱情，没有想到过了不久就会出现那样的爱情；看来爱情并没有固定的定义，它存在于每个人的心中，你觉得爱情是什么，它就是什么，正所谓“爱与不爱，存乎一心”。

女兵是我们眼中一个神秘的群体，可以引起人们无限的遐想。然而，女兵的生活总是如我们所想象的那样充满浪漫的情调吗？这样的生活又会留下什么样的烙印呢？一位曾经的女兵，退役之后总是做一个跟部队有关联的梦，这是一种什么样的情结呢？我们来看看这位女兵的叙述。

你担心过怀孕吗？怀孕的担忧困扰你和你的情侣吗？影响到你们的性生活方式并进而蔓延到其他的心理层面吗？如果你还是一个情窦未开的小女孩，或者说你还只是处女，却担心怀孕，是不是让人觉得匪夷所思呢？然而，人们有没有想过，这其中又蕴藏着怎样的心理创伤呢？

如果有人要问，婚姻中最不能容忍的是什么？我相信很多人会回答：出轨。那么，如果要再深一步问，如果只能容忍一种出轨，那么，你是愿意容忍精神出轨，还是愿意容忍肉体出轨？估计绝大部分人都不知道怎么回答。如果我们反过来问，出轨真的那么可怕吗？婚姻中爱的本质是什么？是占有，还是宽容？

爱情是永恒的话题，在爱情这一话题中人们最常谈论的是性，而最容易忽视的是心灵的沟通。其实，性与心灵对于爱情来说，犹如一对孪生姐妹，形影相随，难解难分。当人们坠入爱河时，又无法分辨到底是因心而爱还是因性而爱。那种无尽的爱的感觉，真的很美妙！

总 序
梦是人格开出的花

曾奇峰

笼统地说，每个人都活在两个世界里，一个是现实世界，另一个是梦。分辨现实与梦，似乎是一件很容易的事情，但是往深处想，却并不容易。电影《盗梦空间》那个旋转的陀螺，在梦中也是可以倒下去的：因为梦可以呈现现实中的一切。

现实世界从来不是平面的，我们的过去会以丰富的形式和内容影响我们的现在，这使得所有的现实都有历史的纵深感。而梦比现实生活更加具有纵深感，因为我们的感觉器官在做梦的时候相对迟钝了，所以历史事件获得了跟现实事件一样的表达机会，从这个意义上来说，梦是一个时间搅拌机，它把过去、现在还有未来混在一起，让人活在一个更加有整体感的状态中。这让人想起铃木大佐的一句话：开悟，就是一种整体感。这样说来，梦中的状态，似乎比现实状态更有价值。

《金刚经》里佛如是说：人生如梦又如电。这说出了现实和梦的最大的共同点，即都不过是大脑和身体的电生理反应而已。从这个意义上来说，释迦牟尼是人类首个最伟大的电生理学科学家。我不知道我这样说，是褒佛还是贬佛？

构成一个人的梦的纵深感的内容有三个层面。第一个层面是整个人类的集体记忆。弗洛伊德赋予俄狄浦斯王的故事的意义，即对弑父娶母的禁忌，为什么基本适合所有文化中的个体？就是因为在我们记忆的最深处，都有这一共同的印记。

构成梦的第二个层面，是每个人类个体在今生今世的独特经历，特别是童年经历。学过精神分析的人都知道，这等于是在说这个人的人格特点。梦如其人，其实比文如其人、病如其人来得更加全面和深刻。

第三个层面是，这个人身处的现实冲突。这算是最浅层的了。而且，如果不考虑一个人的人格特点，这些梦里呈现的现实冲突，可以说并没有什么意义。

考察人类的集体记忆，一定是一件非常有趣的事情。但是，毕竟那些东西太深了，而现实冲突又总是跟个人人格紧密相连，所以，理解梦的核心，就是从梦者的人格入手。梦是一个人的人格土壤上开出的鲜花。

我的职业是精神分析，分析梦是我工作的一部分。但我对梦的兴趣跟成实宗兄相比，实在是非常小了。多年以来，成兄怀着对人类内心生活的极大兴趣，连续不断地记录和分析自己和他人的梦，成绩斐然，单就是几百万字的案例积累，就足以让我这个专业的精神分析师汗颜。

在成兄的文字里，梦所呈现的现实冲突、人格特点，像电影一样鲜活生动。如果说一切记忆都会寻求表达，那么，成兄的表达，对于他、我以及你，都有非同寻常的意义。

我知道这对我个人的意义：梦既是过去，也是未来，但最重要的，是理解我身处其中的当下。所以，梦非梦，梦是别样的现实，梦是我生命的本身。

祝成兄和所有喜爱成实宗作品的读者，有好吃、好喝、好玩，更有好梦。

2011年，于中秋节后的武汉

前言：梦是情感的舞台

梦是情感的舞台，情感就是人的情绪与欲望。情绪是心灵的感受，情感是过去的情绪，欲望是未来的情绪。其实，我们很多的梦表达的都是情绪、情感和欲望。

一个人每天晚上一般都要做四至六个梦。有些梦我们记得，有些梦我们不记得，不是没有做梦，而是不记得了。清晨醒来前的梦一般我们能留有较深的印象。

然而，梦到底是如何诠释我们的情欲的呢？或者说，我们的情欲又是如何转化为梦境的呢？要回答这个问题，我们必须先了解一下我们的人格结构。

按照精神分析学派的人格理论，我们平时认为的那个“我”在心理人格的层面上可以理解为是由三个“我”所组成的，包括本我、自我和超我。我们之所以经常优柔寡断、患得患失以及内心充满矛盾冲突，就是因为这三个“我”的不统一。

本我即人的本能，也即人的动物性本能。本我可以说是感受的我，也可以说是心灵的我。本我是潜意识的，是深藏在我们意识之下的。它藏在我们心中，只默默感受，从不说话。我们平时很难感受到本我，但其实本我对外部世界的感受是最深和最敏感的，外部世界的蛛丝马迹都难逃过本我的审视。不仅如此，本我还具有强大的行动力，对于危险和危害到自身的行为会马上作出反应，而对被理性压制了的冲动也不会善罢甘休，总是想方设法要释放出来，不是“阴奉阳违”地付诸行动，就是要找到发泄的出口，在情绪上发泄出来。如果这两者都不能得逞，则会在夜深人静的时候，在我们的睡眠中出现，得以释放。

这就是本我，看不见、摸不着但是却具有强烈的动力和张力，总是神不知鬼不觉地驱使我们鬼使神差地做一些我们事后想不通的事。因为本我遵循的是“快乐原则”，只能接受快乐，不能承受任何委屈，为了畅快可以不顾一切后果。因此，本我是典型的“顺我者昌，逆我者亡”，是兽性的“我”、情绪的“我”、欲望的“我”——而这其实正是人类发展到现阶段人性中仍然存在的部分，是人类的原始本性。可以设想，如果我们完全由本我所统治，我们就会为所欲为，世界将会变得多么可怕。

幸亏除了本我之外我们还有自我和超我。自我就是平时我们认为的我，遵循的是“利己原则”，只要对自己有利就行，一切以利己为出发点。但自我的利己原则不是盲目的，而是对现实条件的权衡之后的利益平衡。也可以说，自我遵循的是一种可持续的利己和全方位理性评估下的利己。自我的核心职责就是做对自己长远有利的事情，保护自己不遭受损失或者威胁。因此，自我是典型的“现实主义”，是利益至上的，是平衡本我欲望和外部世界客观现实限制下的利己主义。所以，自我是情感的“我”，是一个讲道理但是却利己的“我”，是“帮亲不帮理”的典型代表。

我们千万不要盲目抨击自我的这种利己原则，因为利己是所有有机体个体存在的前提条件，是基因的固有特性。没有利己的前提，世界将不复存在。所谓“人不为己，天诛地灭”就是这个道理，说的就是“利己”是人存在的基础与前提。对于这句话我们不应该简单地从道德评价的角度来看待，因为还有一个超我住在我们内心，如果我们真要做出违背道德的事情，它是不会袖手旁观的。

超我即超越本我和自我，也即超越单纯的快乐原则和利己原则，是一种理性状态，是一种关注类群利益的大我的精神状态，是一种理性精神。超我是精神的“我”、“道德的我”、“高尚的我”、“利他的我”、“大我的我”，是人类文明进化的产物，是利己原则在人类社会层面的升华，通过利他而使社会组织，包括家庭、团体、阶层、民族、国家甚至整个人类强大，从而使自己的利益获得保护和最大化，这就是超我的力量、精神的意义。

超我其实是“利己原则”的外化，是人类在残酷的生存竞争中发展出来的“同情之心”和“同理之情”，这种人类的超我意识，通过千百年的发展、升华和沉淀，深深地扎根在我们的潜意识中，形成舍己救人、助人为乐的集体无意识。我们平时所说的“举头三尺有神明”就是超我在起作用。做任何事都要符合现实规则、道德和精神的要求，将自己置于规范之中，这样做的结果就能让我们的行为“循规蹈矩”，从而不会对他人和类群造成伤害和风险。超我遵循的是“利他原则”或“理性原则”，在这里其实暗含有“利他即利己”的人类集体无意识，是人类文明发展史在我们潜意识中留下的痕迹。

然而，超我这个概念有点形而上，如何来理解超我呢？什么时候表示我们的超我介入了呢？我们可以将超我分为三个层次来理解。

超我的最低层次是个人原则，就像我们常说的“我这人做人是有原则的”，这是超我的最低层次，是一种良心的底线。而这种原则，规范着我们的基本行为，是一种无意识的自我约束。当然，这种原则并不妨碍本我的“快乐原则”和自我的“利己原则”，但是不能违背我们良心的底线，触碰了良心底线，我们就有可能放弃“快乐原则”和“利己原则”，这就是超我在起作用。

超我的较高层次是道德和习俗，道德和习俗是个体良心原则在群体中的固化和升华，形成群体共同的思想和行为准则。道德和习俗就像父亲一样，是一种较为严厉的外在约束，我们害怕突破它会受到惩罚，对我们造成不利，因为我们知道突破它其实就是伤害了我们同类的利益。

超我的最高层次是精神追求，或者说是绝对理性，其主要体现是理想、宗教和信仰，是我们的精神归宿。有了它，就像重新回到了母亲的怀抱，温暖而又安全，魂有所系，心有所归。

我们看到，超我虽然很伟大、很高尚，然而这样做却是反人性的，是对个体生命力的扼杀，因为超我是建立在对本我和自我压抑的基础上的。超我作为理性的部分有强大的力量，可以压抑本我和自我。然而，仅仅是压抑而已，超我无法消灭本我和自我，因为这三者是相互依存的，彼此互为存在的前提，如同硬币的两个面一样。因此，本我和自我虽然遭受了压抑，但并没有消亡，总是会想方设法找机会表达和发泄自己，所谓"哪里有压迫哪里就有反抗"——我们心灵的噪音就是由此而生成的。

所谓心灵的噪音其实就是我们真实的情感需求，是生命力的迸发，对于个体来说是有益的、正常的、道德的。然而，对于群体和社会来说，却是不利的、危险的，因而是非道德的，所以受到超我的压制。这些被压制下来的心灵的噪音，有时候我们并不能察觉得很清楚，但我们却总是能感受到一种莫名的惶恐感和空虚感，一种隐隐的不安感和生活在别处的虚无感，这就是我们原始的生命力得不到满足的后遗症，是作为心灵感受者的本我和自我被压抑的结果。

这种压抑，如果在现实生活中找不到出路，就会在梦境中显现出来。因为在睡眠的时候，我们的理性放松了警惕，意识变得松懈，这时候被压抑的本我和自我就会趁虚而入，偷偷地跑出来，让压抑得以释放。然而，这时候意识虽然变得松懈，但是并没有完全休息，而是仍然睁着半只眼睛在监管着本我和自我。因此，这时候本我和自我的发泄并不能明目张胆、堂而皇之，而是需要改头换面，以一种意识难以察觉的方式来发泄自己的情绪，主张自己的权利，这就是我们读不懂梦境的原因。

这就是梦的奥妙。白天的我们是社会人，貌似统一完整，但其实无时无刻不处在超我压制下的矛盾、冲突和斗争之中。到了夜晚，梦境给了本我、自我和超我一个和解的机会，让受压抑的情欲得以释放，让我们还原自然人的本性，心灵得以抚慰，这样才能够重新给心灵注满能量，在又一个白天来临时用加倍的勇气去面对“灭人性”的社会。

因此，我们说，梦是情欲的舞台。

梦就是本我和自我受到压抑的出口，是一种情绪、情感和欲望的出口，是一出我们自编、自导、自演出来的诡秘、隐晦、奇异的影视剧。

整个梦都是本我和自我一手导演的，表达出本我和自我强烈的情绪和欲望。当天或最近一段或长期以来的喜怒哀乐、爱恨情仇、悲欢离合、酸甜苦辣等一系列说不清道不明的压抑的情绪、情感以及未被满足的欲望等都通过梦境反映出来。因此，在梦境中我们看到，几乎所有的电影手法，所有的艺术手法，所有的掩饰手段，所有的隐喻象征甚至黑白颠倒，都被运用到了。可以说，本我和自我，比已知的任何名导演都要高明，都要有艺术才华，因为所有匪夷所思的创意都被它们运用到梦境中来了。有时候我们在醒来后都对做的梦感到十分惊叹！其情节设计的巧妙、对话的精彩、结局的戏剧性等都是我们在清醒状态下无法想到的。由此可见，我们每个人的潜能其实十分巨大。这让我常常百思不得其解：这样精彩的安排是梦中的本我和自我有意识的安排还是无意识的结果？

难怪连弗洛伊德大师对此也充满疑惑，并进而得出了一个错误的结论，认为梦境之所以如此曲折离奇，是因为有超我这个审查官的存在。弗洛伊德认为，超我是梦境的审查官，就像我们现实社会中的电影审查制度一样，只有经过超我审查的梦境才能够出现，所以梦境都是改头换面的。

其实，这是一种错误理解，因为这解释不了即使如此，但是我们的梦境仍然很黄、很暴力，因为我们不仅有性爱的梦、杀人的梦，甚至还有乱伦的梦，如果真的有超我这个审查官的话，这样的梦境怎么可能出现呢？其实超我并不是梦境审查官，它只是梦境的观众而已。

虽然我们的梦境看起来匪夷所思，有些很暴力，但都是我们内心真实存在过的心理的反映，是本我和自我的真实展现。之所以会出现如此曲折离奇的表现形式，其实与超我的审查无关，而是与潜意识本身的“认知”模式有关。弗洛伊德在这件事情上所犯的错误就是，用意识的“认知模式”逻辑来解释潜意识的“认知模式”，因此，认为一定是超我这个审查官在作祟，才会导致梦境有如此诡异的表现形式。其实，情况并不是这样的，而是因为我们对潜意识的认识还太浅。

对于梦境的记忆和理解，还与我们的睡眠深度有关。对在不同的睡眠深度下所做的梦，我们会有不同的反应。睡眠很深时做的梦，我们的意识察觉能力很弱，所以难以记得住，会彻底忘记；睡眠较浅时做的梦，我们的意识察觉能力较强一些，所以能够记得住，而且如果梦境太暴力的话，我们还容易从梦境中惊醒，因为这挑战了超我的底线。

每一个梦都有一个或多个主题，表达某种或者多种被压抑的情绪、情感或者没有实现的欲望以及对未来的期盼。有些梦还有一些副主题，它们围绕主题展开。

梦是隐晦的，不要过于注重梦的情节而被其所迷惑，因为有些情节完全是手段，本身并无意义，就如同梦境中的人物和事物本身并不是都有意义一样，不要动辄就用象征去生搬硬套，因为所有的这一切都是为主题服务的，都不是梦境想要真正表达的东西，而只是梦境为表达主题所运用的工具和手段，所以说，梦境情节只是一种媒介，要真正理解一个梦，最关键的是理解梦境情节所要表达的主题和内涵，是某种情绪、某种情感、某种欲望，甚至是某种情结……

梦中“我”的情绪体验也十分关键。不要被梦中的表象所迷惑，人物、性别等都不重要，重要的是梦中的“我”以及其他人物的行为和态度。如何解开表象的谜团，深入到主题的本质，是解梦的关键。

当然，说一千道一万，梦的丰富程度是你我都无法穷尽的，梦的诡异程度也是你我所无法想象的，如何透过这些表象，深入到梦的本质，除了需要足够的心理学知识、解梦技术以及丰富的人生阅历和洞察力之外，最重要的一点，也是我们必须牢记的一点，那就是梦境是我们心灵的舞台，是我们情感的舞台。

抓住了这一点，就抓住了梦境的本质，也就抓住了上帝留给我们的珍贵礼物——解开人生每天新一个轮回的钥匙。

这个梦是9月14日凌晨2：36以前做的，因为我在凌晨2：36醒来。醒来时，梦中的情节我记得清清楚楚，但当时我有些累，没有马上把梦境记录下来。睡不着，于是，我看关于博士考试的资料书，直看到天蒙蒙亮。这份记录是后来做的，梦中的有些情节已经模糊不清了，但梦中的情绪我依然记得很清楚。

——2011.9.14　9：15

决定情侣关系最重要的因素是什么？爱？包容？责任感？都不是，其实情侣关系的确立是由“第三者”来决定的。而这个“第三者”，就是父母。父母是情侣、夫妻关系背后的潜意识第三者，我们童年时形成的与父母的关系模式，决定我们长大之后的情侣关系模式或者夫妻关系模式。匪夷所思吗？那就看看下面的案例吧。

当晚做了两个梦，15日凌晨4：21醒来，做了挺规整的梦。4：30再入睡， 5：48又醒来，又做了个很繁杂的梦，情绪感受如此清晰，以至于之前的梦境全都忘了……

——15日6：00

在爱情竞争中的落败者，会有太多的想不通：自己比她学历高，比她漂亮，比她有钱，比她有气质……然而，为什么他仍然选择了她？难道男人都是瞎了眼吗？其实不然，爱情中的胜利者，一定是本能地抓住了爱情本质的人，而你的眼中所见，都是爱情的表象，而不是爱情本身。

1. 愿望——面对同一个男人的姐妹情怀

姐妹同嫁和姐妹同爱的例子古今中外比比皆是，无论是一夫多妻制的过去还是一夫一妻制约束下的当今，然而，当这种现象造成亲情的冲突，甚至酿成人伦惨剧的时候，我们有没有挖掘表象下的人性真相？悲剧是出于制度的约束还是人性自身的自私和狭隘？

是的，人性的本质是自私的；然而，人之所以为人，却正是因为人性的光辉……

我喜欢泡温泉，喜欢在冰天雪地的室外热气腾腾的池子里泡着温泉，喝着冷饮，和朋友一起天南地北地聊着天，处于一种极度放松的状态，那种感觉简直无与伦比。在冬季，每次去北京，我都喜欢和一两个知己好友去北京郊外泡露天温泉。如果碰巧下雪，我就把它看成是上帝对我的一次恩赐。

下面的故事就是在一次泡温泉的时候听来的。那天，北京正好下雪，这么好的机会我岂能错过？于是决定去泡温泉。我与好友驱车来到温泉酒店。在酒店安顿下来之后，我就急急忙忙换上泳裤准备去泡温泉。

但奇怪的是，这位仁兄似乎并不急，拉着我说："不急不急。你不是解梦大师吗？我有一个梦你帮我解一解。"我说："那不正好？泡着温泉给你解梦，那种意境不是更美吗？"但这位仁兄却死拽着我说："不行，你要先看完一个东西才行。"说完他就打开随身携带的手提电脑，展示出一封邮件给我看。

信是一个女孩写给这位好友的，下面就是这封邮件的内容。

好久没有给哥哥写信了。亲爱的哥哥，先说说今天早上的梦吧，我觉得它太有意义了！

梦境是这样的：

白天，在一个环境自然、清新的郊外（现实生活中没见过的），哥哥、我，还有一群（十几个）女孩，其中有几个长得挺漂亮的。大家都喜欢哥哥，但都不明着说，我也跟她们一起走着，望着走在前面的哥哥，心里很愉快，因为知道哥哥喜欢我。

大家前前后后地走着走着，来到一堵围墙面前。大家想过去但又不知道从哪里过去，因为那墙看上去很不好翻越。大家都站在下面，我却独自去攀爬，因为在梦里感觉自己能够翻过去。经过一番努力真的过去了，而且还能够看得见对面所有人，当时觉得这墙也没什么嘛。

这时，我从墙这边还发现不远处有一个可以很容易就过得来的地方，于是，大家都过来了。过来后，环境变成城市边缘，郊游结束，各自散去，此时像是夜幕快降临的时候。后来，哥哥将我从女孩堆中拉出来，疼爱地看着我，搂着我的腰走了，好像是要回到住的地方。当时感觉太幸福啦！

应该没过多久就醒了，因为宝宝吃饭的时间到了。喂宝宝吃饭时，心里挺高兴的。一回想，哦，原来是梦到哥哥了。再想想这个梦，就跟下面我要说的内容联系起来了。因为我是把围墙理解成一种心灵的障碍，而我越过了它，并且在梦中得到了哥哥的赞许。我不知道哥哥看了这个梦会怎么想？

白天宝宝睡的时候我也睡，最近怎么也睡不着，脑海里老是出现那年冬夜哥哥、小妹和我三个人在美术馆东街的那个胡同里吃完素斋之后手挽着手走在街上的情形，温暖而又宁静——像电影一样，这时候，过去的片段一幕一幕慢慢地在脑海中显现出来了——三个人在地坛街边嬉戏的情景；姐妹俩躲在窗帘背后等着吓进屋的哥哥的情景；夏夜在楼下玩木头人游戏时的疯跑情景；冬夜三个人蜷在沙发上一起看碟的温馨场景……回忆起这些片段突然有种想落泪的感觉。

时光流逝得很快，而今我也有了自己的小宝贝，新增加的角色让我马不停蹄地学习和适应，很累也很欢欣。老公一个人工作挣钱养家很辛苦，我会好好照顾他。而小妹，这个我看着长大的家伙，我疼爱她，但她现在是大女孩了。

前阵子，小妹翘课来我这里，说想我了。要知道她现在的学习时间很紧，很快就要期末考试了，双学位的学习占了她周末的时间，新东方报的英语六级班占了她晚上的时间。

那天，小妹和我坐在沙发上聊了很久，说到一些往事，我们早已不再忌讳谈到哥哥。她不止一次地问我这个问题：哥哥现在在你心里是什么样子？“谁也无法替代”的回答我从来没有变过。

她说她自己其实内心是有很多渴望的，有时候却因为种种原因而将它们压抑在内心深处。我想，那些不止一次同样的问句背后，应该是曾经情窦初开时的那颗沉睡的种子在等待发芽。

想到这儿，我很心疼她——21 岁了，她还没有尝到过恋爱的滋味。

本来是可以有的，却因为我的自私和狭隘断送了！

于是我对她说：哥哥是同一个人，但我心里的哥哥跟你心里的哥哥不是同一个哥哥。如果有幸，也许你和你心里的哥哥会再续前缘的。

她的表情看上去似乎觉得不可能。那时，我能感受得到她的孤独和压抑！为此，我感到心又在痛……

聊到学校的招聘会，各地服装行业的公司或单位时不时地驻到学校招选明年夏天毕业的学生，小妹和同学们也时不时地经受着这些公司或单位的考验。小妹说她现在状态很不好，说不能接受镜子里穿着正装的自己。还说了自己去面试的时候底气不足，每次失利都增加一分自卑。说自己总在想做什么事情、找什么样的工作这辈子才不会后悔……

我想，这些都是表面的东西，她真正的困扰是需要完成“我是谁”的自我认同。

昨天下午，小妹打来电话，说她刚面试完一家公司，马马虎虎吧，只是想跟我分享一下，因为这算是头一次有好反馈的一家吧，尽管这家公司不怎么样。

哥哥，小丫头挺努力的。

旧的一年快过去了，新的一年明天就来到了，亲爱的哥哥，我还可以在你那里许下一个愿望吗？

这就是整封信的内容。

这封信讲了一个什么样的故事，又许下了一个什么样的愿望呢？梦在这个故事中似乎并不占有很重要的分量，但这个故事应该是与梦相关联的，这到底是一个什么样的故事，该如何解这个梦呢？

看完这封信，我似乎能感觉到这个故事里某种很特别的情感，但到底是什么，我还没有十分清晰的思路。按照我惯常的解梦方式，当事人是需要提供背景资料的。于是，在皑皑白雪映照下的热腾腾的温泉池里，这位仁兄给我讲了一个令人欷歔感叹的爱情故事。

写信的女孩曾经是我这位好友的女朋友。他的女友有一个比她小 13 岁的妹妹，女友差不多是看着这个妹妹长大的。由于年龄的差距，女友对这个妹妹疼爱有加，里面包含了一定的母爱。

姐姐较早地离开了家乡来到北京工作，通过电话和邮件与妹妹一直保持密切的联系，而且姐妹俩几乎无话不谈，姐姐在妹妹的成长过程中扮演着很重要的角色。妹妹在姐姐的引领下慢慢长大了，要考大学了。姐姐为了能照顾妹妹，鼓励妹妹考到北京来，结果妹妹如愿考到了北京。因此，姐妹俩有了更多在一起的机会。

这时候，我的好友已经与他的女友同居了。他们租的是一居室的公寓，是那种厅和房没有隔断的一个大房间。每逢周末，妹妹会从学校来姐姐家，我的好友就会带着她们俩去打牙祭或者去郊游或者在附近玩耍，三个人在一起其乐融融，玩得很开心。

周末晚上，妹妹不回学校，三个人睡在一张床上。女友睡中间，好友和妹妹各睡一边。说起这段往事的时候，我的好友脸上流露出幸福的表情。

这样美好的时光过了两年，好友与女朋友的感情依然很深，对小妹妹也越来越喜欢，觉得她是一个很单纯但又十分敏感的女孩。

这个小妹妹有着独特的人生体验，生活在自己的世界之中，外面的世界对于她来说似乎十分陌生，她搞不清楚人们为什么像看到的这样，他们追求的东西又有什么意义。

随着在一起的时间越来越多，好友对小妹妹的了解也越来越深，有些担心这个小妹妹如此单纯幼稚，将来如何面对社会。因此，好友特别关心她，经常跟她谈谈现实社会是怎么样的。

他还发现她很有艺术细胞，喜欢涂鸦，画出来的图案有一种很特别的神秘感，具有自成一体的风格，但是又说不出来到底是什么样的感觉。好友非常欣赏她的这种艺术感觉，因此经常称赞她画得好。而小妹妹呢，虽然心里很高兴，但是又不确定，对自己没有信心。

小妹妹长得不算漂亮，一张苹果似的圆脸，虽然已经是大学生了，但脸上仍透着稚气，看上去像个中学生。可能是受小时候家庭环境的影响，小妹妹的自我认同度很低。再加上脸上经常会长粉刺，因此，内心很自卑。

随着关心和接触的与日递增，好友和小妹妹之间似乎产生了一种很异样的感觉（当然，好友说，这是根据后面发生的事情回忆出来的一种感觉），两个人喜欢待在一起说说话，有时候会拉拉手而不想松开。当两个人的身体比较接近时会有一种特别的感觉，好友甚至能感觉到小妹妹的异样。

以前姐姐不在的时候，两个人的交流比较少，姐姐似乎是两个人之间沟通的媒介。到了后来，即使姐姐不在，两人也有很多话说。

大学二年级的寒假，小妹妹要回老家过年，好友和女友去火车站送小妹妹，心中竟然有些依依不舍，而小妹妹的目光中似乎也流露出依恋。

听到这里，我相信各位都知道要有情况发生了。

好友说，如果没有以后发生的事情，他相信这种感觉将永远埋藏在他的心里，成为人生美好的回忆。他知道这是一种特殊的感情，好友坦承，当时确实有一种隐秘的喜悦，他说他相信自然而然产生的感情，他不觉得有罪恶感，而这种感觉令他觉得很满足。人生又能遇到多少这种让人怦然心动的感觉呢?

他没有理由也不愿意去捅破这层纸。何况他与女友的感情已经有好几年了，虽然激情已经退去，但感情依然深厚。他也不想破坏这份感情。

情况是在春节期间发生逆转的。由于家中有事，好友也离开北京独自一人回到家乡。有一天，他突然接到了小妹妹的短信，说要过来看他，这让好友又惊又喜却又有点儿措手不及。喜的是说明自己的感觉是正确的，惊的是不知道这件事该如何收场。

好友还算理性，竭力劝阻小妹妹不要来，说寒假后回北京照样可以见到。但是小妹妹执意不肯，非要过来见好友，而且似乎特别想要看看好友在家乡的房间，看看那所曾经听姐姐描述过的可以在摇椅上晒着太阳看书的充满浪漫气息的花园，以及那间藏满各类书籍的书房。她最后还说：“我想躺在哥哥的怀里听哥哥讲过去的故事……”

这时候，好友才意识到问题的严重性。虽然竭力劝阻小妹妹不要来，但内心还是有一份窃喜的。这就是男人理性与感性的冲突，或者如女权主义者所说：“有贼心没贼胆！”这说明好友还是比较理性的。

但小妹妹的态度十分坚决，似乎会不顾一切买火车票过来。这让好友慌了神，一方面继续竭力劝阻小妹妹不要冲动；另一方面，又不断地安慰小妹妹，逗她开心。两人就这样展开了短信拉锯战，局势暂时稳定住了。

寒假姐姐一个人在北京待着没事，于是也买票回了家乡。姐妹俩又天天在一起了。无巧不成书，一次偶然的机会，姐姐竟然无意间看到了妹妹手机中储存的所有短信，顿时震惊了！

原来，痴情的妹妹把所有与好友联系的短信全部储存起来舍不得删掉。

结果并非我们所想象的那样，会爆发一场争吵。如果是这样，我相信这个故事就没有什么意义了。接下来，并没有爆发两个人之间嫉妒或者仇恨的争吵，而是展开了一场人性的战争。

这场战争的前提是，姐姐非常疼爱妹妹，这种疼爱包含了深厚的母爱在里面。姐姐十分了解妹妹，妹妹是一个没有自信心、没有自我认同感的自卑的女孩，姐姐对妹妹这种人格劣势十分担心，担心这将影响到她将来的自立，也担心这种人格特征将来影响她一生的幸福。因此，如果妹妹有人喜欢了，谈恋爱了，姐姐一定十分高兴，因为这有助于提升妹妹的自我认同感和自信心，让她从自己的内心世界中解放出来。

但是，妹妹喜欢的这个人，不是别人，正是自己心爱的男友！怎么办？

这就是一场人性的战争。从理智上来说，为了妹妹，姐姐甚至愿意放弃男友，成全他们，因为姐姐认为这一定会对妹妹的成长有好处。但是从感情上来说，姐姐难以割舍对男友的那份感情，这个与自己朝夕相处的男人要成为别人的情人（这时候姐姐的心理又转换成一种纯粹女人的心理），从感情上和心理上都难以接受。

这场人性的拉锯战使姐姐处在情感与理智的冲突中。一方面出于女性的本能，姐姐向妹妹发出强烈的信号，劝告妹妹不应该介入进来；另一方面，出于对妹妹的母性之爱，姐姐又觉得不应该阻挠妹妹这段自然而然发生的来之不易的感情（前提当然是姐姐对自己的自信和对妹妹人格劣势的担忧）。

如同绝大部分人性抗争的结果一样，最后的结果是利己的因素占了上风，姐姐扼杀了小妹妹与好友之间刚刚萌芽的爱情，妹妹再次龟缩到自己的精神世界里去了，而好友的内心也觉得很失落。

不知道是不是受这一事件的影响，好友与女友的感情开始冷淡了，大约在半年后两人分手了。虽然分手了，但情分还在，两人仍然保持着联系，有什么事情好友仍然尽力帮忙。在小妹妹刚刚考上大学的时候，好友曾经承诺负责小妹妹大学期间的学费。因此，每到新学年要报到的时候，好友仍然按时将学费转给女友，让她代为转交。

后来，女友又找到了新的男朋友并迅速结婚，而且不久就怀孕了，孩子出生时女友还发来了通知短信。好友对前女友能有一个较好的归宿感到欣慰。这封信和这个梦，就是在前女友小孩出生后不久发来的。

这就是这个故事和这个梦的背景。

听到这里，我们明白了，这是一个妹妹爱上姐姐男朋友但没有结果的爱情故事。姐姐出于本能斩断了，阻挠成功。但是，时光流逝，当妹妹大学即将毕业，面临进入社会的压力时，姐姐突然醒悟了，觉得因为自私使自己失去了一次可以真正帮到妹妹的机会。

在醒悟了的姐姐看来，拯救人性比保住自己的爱情更重要，因为人格的成长会影响人一生的幸福，而这个人正是自己深深疼爱着的妹妹。姐姐觉得，如果自己当时能够牺牲小我，让妹妹与前男友的爱情能够顺利发展，不管他们的爱情有没有结果，对于妹妹而言，都是一次人格成长的绝佳机会，因为妹妹所处的年龄阶段需要这样一次经历来成长。尤其妹妹是那种没有自信心和没有自我认同感，只是生活在自己的精神世界里的人，这种需要显得尤为珍贵。

姐姐现在的醒悟似乎已经跨越了狭隘的爱情范畴，上升到了人性的高度，这实属不易。如果没有对妹妹深厚的爱，如果没有对人生的深刻的体验，是很难达到这个境界的。因此，在面对妹妹的现状与困惑时，姐姐感到内疚和后悔。而这种感觉，促使她在梦境中超越自我。

于是，为了进行补救，前女友用很聪明的方式，向好友发出了信号，表明了她的态度。

这似乎已经不是一个简单的解梦案例了，更像是一个特别的关于爱情和人性的故事。当然，如果没有这样一个故事背景，是很难理解这个梦境所要表达的内容的。梦境中的自我超越原来有着如此深刻的含义，蕴涵着一段爱情与人性的抗争冲突。

可以这样说，做梦者对自己梦境象征意义的理解是正确的，她也在这个梦境的指引下达到了人生的新境界，并且采取了聪明而又果断的行动，这确实难能可贵，令人欷歔。

因此，与其说这是一个解梦案例，还不如说这是一个与梦有关的故事。当然，梦在这个故事中扮演着十分重要的角色，它是唤醒人性的媒介。有时候我们很难明确知道我们自己的内心世界和我们真正的需求，梦作为其中一个很重要的媒介，可以帮助我们了解内心深处真实的需求，并且让压抑许久的潜意识上升到意识，从而让我们感悟到。

这个梦或者说这个故事让我们在感叹人性美的同时，也给我们提出了一个问题：在考验人性的得失面前，我们应该怎么选择？

2. 胡瓜的泪——宛如割肉般的父女情深

父女之情到底有多深？作为女儿，在父亲的沉默木讷背后，能感受到那炙热的情感吗？

我有一位朋友，中年男性，事业有成，家庭美满，最近家中更是喜事成双：一是自己加薪晋级，春风得意；二是长大成人的女儿就要出嫁了，对方是一个不错的小伙子，一家人现在都围绕着嫁女这个重心忙碌着。

就在有这么多利好消息的情况下，这位仁兄却做了一个令自己匪夷所思的梦，梦境是这样的：

一家人喜气洋洋，未来的女婿也来了，自己亲自下厨准备做大餐。但是，在厨房里却到处都找不到菜刀。好不容易找到了，又发现自己切起菜来就像是上了发条一样停不下来，而且越来越快，就像电影中的快镜头一样。最后简直无法控制了，只听见“砰”的一声，自己的一根手指竟然被剁了下来，鲜血淋漓……

这位仁兄从梦境中惊醒，令他不解的是，最近这一段时间可以说是一切顺心如意，没有什么不好的事情，为什么会做这样的噩梦呢？

在解这个梦之前，我想先跟各位分享一条新闻。这条新闻跟台湾著名主持人胡瓜有关，大意是：胡瓜嫁女，在婚礼上触景生情，泪流满面。

在这么热闹开心的场合，作为最会控制情绪的王牌主持人，怎么会像一个菜鸟一样泪流满面呢？一个历经磨难的成熟的男人竟然在大庭广众像小孩子一样哭泣，实在是令人费解。

主持人是最善于作秀的，但是在这样的场合却没有必要，应该是真情流露。而一个成熟男人的真情流露甚至痛哭流涕，一般只有在两个女人的面前才有可能，一个是母亲，另一个就是情人，而且一定是遇到了非同一般的伤心事才有可能。

可是，我们的主持界大佬胡瓜是嫁女啊，这是高兴的事情，怎么会伤心落泪呢？要落泪也轮不到他，应该是妈妈才对，因为女性才多愁善感嘛。

如果你这样说，那说明你太不懂父女之情了。在任何时候，女儿都是父亲心中永远的痛。

中国有句俗话，说“女儿是父亲的贴心小棉袄”，这深刻地揭示了父女关系的本质。从父亲的角度来看，一个女孩，自已从小就为她把尿换尿布，给她洗澡，搂着她睡，亲她脸蛋，这种关系该有多亲密！带给父亲多少温情，多少次温暖了父亲作为男人的那颗坚硬的心！

然后，这个小天使一天天地长大了，并且在性别意识上开始觉醒，虽然仍然跟父亲十分亲密，但是，父亲能明显地感觉到这种亲密关系已经非同往昔，那个亲密无间的时代已经一去不复返了！这是父亲心中遭受的第一次创伤。

小天使渐渐长大，“女大十八变”，变得亭亭玉立，青春美丽，并开始跟异性朋友交往，这时候父亲的心中又开始隐隐作痛并焦虑起来，担心女儿上当受骗，担心她被哪个色狼给欺骗了。特别是当女儿交往的那个男孩在父亲心目中是一个贼眉鼠眼、存心不良的家伙，但女儿却被爱情蒙蔽了眼睛，甚至不惜违背父母意志、义无反顾地要跟定这个男人时，父亲的心再次承受打击——想想二十多年的疼爱付出竟然抵不过一个刚认识的陌生男人！

但是又有什么办法呢？

最后，当关系稳定，女儿要出嫁时，对于父亲来说，就有点儿生离死别的感觉了。想想自己如此疼爱的纯洁的女儿就要永久地投入到另一个男人的怀抱，简直心如刀绞，有一种强烈的挫败感！这对男人的自尊是种伤害，对其精神打击是巨大的。有没有发现，大部分男人在女儿出嫁之后会衰老得很快，就是这个道理，因为这让作为父亲的男人有种被阉割的感觉！——这就是男人心中永远的痛！

明白了男人心灵深处的这个情结，这个梦就迎刃而解了。

这个梦就是由于女儿即将出嫁所激发的。从表面上看这是一件喜事，但实际上这件事给这位朋友造成了极大的焦虑。这种焦虑是分离焦虑。由于他是一位理性的成功人士，所以这种焦虑被压抑住了，反而表现出来一种相反的情绪。

但是，潜意识有焦虑是要发泄的，发泄的途径就是梦境。梦境中找刀子，就是潜意识里有剁人的冲动。找不到刀子是意识对这种冲动的压制。最后找到了，但是手已经不受控制了，那股冲动迫使动作越来越快，最终再也无法控制内心深处的焦虑和冲动，只能以剁掉自己的手指来将自己从梦境中唤醒，并完成焦虑的彻底释放。

这就是这个梦境的渊源。奇怪吗？这就是父女关系的本质。

母子关系也是类似，这也是婆媳天敌关系的本质所在。为什么翁婿关系并未造成天敌关系？那只是因为男女不同的性别特征所造成的区别，其实在本质上都是一样的，只不过男人的心胸更开阔，行为更理性而已。

3. 乱伦的焦虑——纠结焦虑的忘年恋情

乱伦到底该如何定义？如果从社会关系来定义，到底几代或者几辈之间可以定义为乱伦？如果从年龄差距来定义，到底相差多少就可以定义为乱伦？其实，严格的乱伦定义并不包含年龄的差距，年龄差距再大也不构成乱伦事实，然而，如果从作为集体无意识的民俗和作为个体潜意识的当事人心理来看，又会是怎样的情况呢？

21世纪最流行的是什么？

忘年恋。

不是吗？新世纪以来，姐弟恋和老少恋已经司空见惯，成为一种时尚，最典型的案例是82岁的杨振宁和28岁的翁帆的恋情，两个人的岁数相加，在网上引出了一个关于打110报警的段子。杨振宁是这样在媒体上高度称赞翁帆的："没有心机而又体贴人意，勇敢好奇而又轻盈灵巧，生气勃勃而又可爱俏皮。是的，永远的青春……"

这对忘年恋树立了一座后人几乎无法超越的忘年恋丰碑。而这座丰碑，改写了当代人类社会（当然特别是东方社会）对忘年恋的道德评判标准。

诺贝尔物理学奖获得者杨振宁教授是一位公认的德高望重的科学家，其道德品质无可挑剔。因此，当他与翁帆的恋情公开时，在钦佩他的勇气的同时——我相信这对于杨老先生来说，是一种对人生大彻大悟之后的坦然，并不需要特别的勇气（不过据说他也曾咨询过心理学家）——人们才恍然大悟：原来爱情与道德无关！

或者说，爱情一旦发生，其本身就超越了道德——爱情就是最高的道德。

我记得美国好莱坞曾经发生过一起很轰动的疑似（这个词好像是SARS

和禽流感之后流行起来的）乱伦事件，集编剧、导演和演员于一身的美国电影界奇才伍迪·艾伦，与小自己35岁的朝鲜裔养女宋宜发生了忘年恋。此事当时即使在最开放国家中最开放地区的好莱坞也曾引起强烈轰动，社会舆论给伍迪·艾伦造成了巨大的压力。

但伍迪·艾伦顶住压力并最终与同居12年的女友分手，迎娶了自己的养女。

最近我看到一篇报道，是近期采访伍迪·艾伦的。伍迪·艾伦在采访中称，自己人生中做得最成功的事情是在年逾花甲之时娶了比自己小35岁的朝鲜裔养女宋宜（现已改名为苏伊·普雷文）为妻，并称年龄差异是一笔财富。他说："这是我一生中最值得庆幸的事情，这真是太幸运了，这是我生活中发生的一件如此幸运的事情。我对妻子更像是父亲的感觉，我娶她为妻是我生活中发生的一件如此幸运的事情……我确信自己的所作所为确实与众不同，事实上，现在我回头看看，也许我应该早一点感怀我与宋宜的这一关系。"

回顾伍迪·艾伦的人生，人们一定会立刻想到三件事：第一，这个人从1969年开始，以平均一年一部的速度拍摄电影，从未停过，据说像时钟一样精确。第二，曾凭着《安妮·霍尔》和《汉娜和她的姐妹们》两次摘下奥斯卡最佳导演奖的桂冠。但得了奥斯卡奖，不去领奖，宁愿跑到酒吧去吹单簧管。第三，宋宜自7岁起就生活在伍迪·艾伦与前女友米亚·法罗（伍迪·艾伦的御用女主角）的照料之下，成年之后看完了伍迪三分之二的作品，并且在那时就深深地爱上了这个另类的老头。而伍迪·艾伦居然也认真地和自己十几岁的养女谈起恋爱，后来还真的结婚了。两人现在非常幸福地生活在一起，并且共同收养了两个孩子。

写到这里，可能大家不知道我到底要表达什么。是的，本文要写的，仍然是解梦案例。最近有几个女士给我发来的关于梦的邮件中，都涉及类似的乱伦焦虑。这一方面说明现在的忘年恋看来不在少数，另一方面说明忘年恋给我们造成的乱伦焦虑根深蒂固——即使杨振宁教授和翁帆女士给我们树立了一座丰碑。

我收到的两封关于乱伦梦境的邮件，两位女士都是有忘年恋情的，当然，年龄差距估计没有杨翁这么大。但是，似乎爱情的体验都是十分深刻的——在忘年恋中，爱情的体验越深，乱伦焦虑便越强烈——因为只有强烈的爱情体验才能激发人对不利因素的考虑以及对这种强烈快乐的罪恶感。

两个案例的女士都向我坦承正处在忘年恋之中听起来似乎有些匪夷所思。下面我们来解梦。

其中一位女士在梦境中梦到与自己平时关系很好的小叔叔有男女之情，同时在梦境中还梦到自己有了男朋友。也就是说，在梦境中，即使已经有了男朋友，该女士还是与小叔叔有了性行为。

该女士觉得很不理解，自己与家族中最小的叔叔虽然平时关系很好，但是从来没有任何非分之想，为什么会做这样不可理喻的梦呢?

在我看来，这是很容易理解的。因为该女士正处于一段体验深刻的忘年恋之中，中国传统的辈分意识引起了她强烈的乱伦焦虑。因此，在梦境中会借由一个长辈的形象来使这种乱伦焦虑实现。而且借用的形象往往是跟自己感情比较亲近的人。当然，感情亲近的人在这类梦境中出现，还有梦的另外一个功能，就是潜意识对真实乱伦焦虑的预演。也就是说，由于感情亲近，且又是血缘关系，潜意识通过梦境来强化自己的乱伦焦虑，提醒自己保持距离。这是弗洛伊德的观点。

另一位女士所做的乱伦焦虑的梦是这样的：自己的房间特别乱，妈妈在帮自己收拾房间，弟弟坐在门口。然后就梦到弟弟想与自己发生亲昵行为，自己很气愤，扇了弟弟一巴掌。

也许有人要问，她不是跟比自己大很多的男性在忘年恋吗？为什么会梦到弟弟而不是长辈呢？

其实，这对于梦境来说是一件很正常的事情。因为对于潜意识来说，它关注的焦点是乱伦这一道德冲突，而不管是什么类型的乱伦。因此，梦境会以任何形式的乱伦行为来表达自己的焦虑。

也许弟弟正是她最喜欢、最亲近的人，因此，借用弟弟的形象来使乱伦焦虑得以预演，并且有可能强化这一焦虑。

这个梦境还有一些很特别的情节。

比如说，梦境一开始她的房间很乱，梦境中“房间的乱”，实际上已经寓意着“乱伦”的象征意义在里面了。妈妈的形象当然是道德监管者，因此，妈妈的形象在这里出现是有意义的，也是乱伦焦虑的道具。

此外，弟弟想与她发生亲昵行为，她很气愤，扇了弟弟一巴掌，表明的是她对自我行为的一种惩戒。因为她在潜意识中认为自己的忘年恋是一种乱伦行为，因此，在梦境中对自己进行惩罚，或者说，通过梦境中的反抗行为来洗脱自己的乱伦嫌疑，从而获得一种道德层面上的解脱。

为什么这么说？因为一般而言，梦境都会有两种或两种以上的指向，一种指向自己的情绪或者欲望，另一种指向则是为自己开脱，让自己的行为合理化，让在现实生活中令自己产生焦虑的行为通过梦境中的反向行为来使自己安心。

但是，有趣的是，在我解梦的过程当中，当事人都否认对于自己的忘年恋有过任何关于乱伦的焦虑。那么，既然没有，为什么会在梦境中表现出来呢？而且表现得这么强烈？

其实，这就是我们的潜意识，它在你不经意的时候记录下你每一个一闪而过的念头，这些念头，大部分都不符合理性或者道德的要求，因此都被你压入到潜意识之中，让你毫无察觉。但是，它并没有消失，而是在找机会表达，而梦境，正是它表达的最佳途径。

很显然，这让我们再次对自己的潜意识感叹不已，同时也让我们对潜意识的认识更加深入一步——潜意识自有一套运作的模式，它是存在的，但我们意识不到。关键的问题是，它不仅存在，而且深刻地影响着我们的行为。

忘年恋的乱伦焦虑当然也会影响当事人对感情的投入度，因为它涉及心灵，不能完全释放。不过这很正常，我敢肯定地说，不管是杨振宁或者翁帆，还是伍迪·艾伦或者宋宜，一定也做过类似的乱伦焦虑的梦，这是人类心灵释怀的重要方式，也是心灵成长的必须。

因此，我给正处在忘年恋中并由此产生了乱伦焦虑的女士们的意见是：对于我们普通人来说，有两座如此高的丰碑在那里，我们又有什么不能释怀的呢？

有意思的是，本文写成后不久，就有一条爆炸性新闻出现，为示男女公平，我将这一报道附录如下：

滨崎步：我的前男友将成为我的新爸爸！

据台湾《苹果日报》报道，“步姐”滨崎步与老妈感情好到可分享同一个男人。步姐向工作人员透露，步妈有意再婚，对象竟是步姐国中时的同窗、前男友N先生，他在步妈经营的生活用品店工作，与步妈谱写忘年恋，两人感情稳定，可能结婚，步姐也乐见其成。步姐母女的爱情故事比八点档连续剧还劲爆，工作人员都大吃一惊。

据日本《周刊女性》报道，步姐的父亲抛妻弃女，她由母亲独自带大，母女俩吃了许多苦头，关系亲密。最近她的母亲不仅创业成功，还找到第二春。步姐出席日本“avex音乐”股东大会时向工作人员透露：“我的前男友将成为我的新爸爸！”闻讯者皆愕然。

圈内人透露，步妈的再婚对象是步姐在福冈就读国中时的同学N先生，步姐曾与他交往，后来她决定赴东京追求表演梦，恋情悄然落幕。N先生后来考上东京的大学，两人再度重逢；他毕业后走投无路，步妈适时伸出援手，聘他在生活用品店工作。

步妈曾在博客公开个人照片，年过半百的她，保养得宜，N先生被她吸引，不顾异样眼光与前女友的母亲陷入热恋。去年两人同游轻井泽，还换上欧洲贵族装扮入镜，宛如新婚照。

4. 永远失去的味觉——穿越古今的爱情情结

很多人对前世来生很感兴趣，特别是对在催眠中或者梦境中回到前世或去到来生更是痴迷。经常有人将信将疑地问我，到底有没有前世来生？我的回答是，这要看从什么角度来看。而我说的角度，其实就是两个：物理的和心理的。本文的案例，就是一出穿越古今的愁肠百结的爱情故事。

我的一位学生，在网上给人解梦。一天，他给我发来一封邮件，讲述了一个匪夷所思的梦例。下面是他的邮件内容：

老师，催眠解梦研究中心QQ群(8736395)里来了一位求助者，她叙述了一个很长的梦，梦境有些像穿越剧。她的基本情况如下：

女，1983年5月7日出生，未婚，与父母同住，自述对中草药天生有辨别能力，从事烹调类工作。出生于浙江省杭州市，3岁以后跟母亲到贵州生活，19岁以后回浙江工作，25岁去北京。喜欢看《黄帝内经》、《神农本草经》、《伤寒杂病论》等书，还喜欢阅读一些关于种花和古墓挖掘的书籍，喜欢成吉思汗。

下面是她的梦境叙述：

慕风就是给我名字的人，慕风是我的主人，也是突厥王的弟弟，封地在昌岭一带，我的族人世代是为突厥王室服务的，我们的职责是负责王族的祭祀活动以及王族成员的安全，突厥人称我们为“常故”，只有离开突厥王，被其他王室成员带走的常故才会有名字。

公元582年，突厥内乱，呈东西分裂的趋势，主人怕这场灾祸殃及他的地区，所以带了20人的精锐部队前往木羊城救援他大哥，也许他知道此去凶多吉少，所以走之前嘱咐我，如果他10日内没有音讯，我就带上水镜和他的佩剑，去找他的叔父突厥沙波烈汗借兵救他。

每次他出征，我都会送他很远很远才回来。他披挂着殷红色的铠甲，黑色的斗篷上有我亲手绣的金色太阳，在铸铠甲的时候我请铸剑师葩达用过我的血液。走之前，他用力地拥抱我，从他的力度里，我感觉得到，这次出征跟以往不一样。恋恋不舍地抚摸着他的斗篷和马鞍，我像以往一样送他很远很远才回来，我怕他看到我眼里的担忧。

然而，他的离去正好给了部族里想篡夺王位的人一个绝好的机会，可是又碍于我在，于是设下了毒计准备置我于死地。梦境跳跃到我看见族里一位司掌老人被杀害，浑身是血，老人唯一的孙女伏在尸体上痛哭流涕。我被吓呆了，站在门口。

女孩遵照老人的嘱托，把我拉过来，不停地往我身上抹老人的血。我不停地躲闪，女孩赶紧说："常故你快躺到地上装死，我就说你是被我杀死的，不然一会儿他们来了看见就麻烦了，你一定要保住水镜和生命。"就在这个时候两个男人从里面的屋子出来，正好看见我们，于是女孩拼死用竹门挡住两个男人，让我快跑，我当时只知道不停地往前跑，根本没有考虑方向……

可是，前面快没路了，是一片农田，旁边有一个农妇在收拾炭堆，看到我慌张地跑来，衣服鞋子都破了，也没说话，伸手一指旁边的茅厕，我立刻明白了她的意思，飞快地钻进去，用旁边的草垛子盖住自己，大气都不敢出。不一会儿，我看见那两个男人的脚从眼前走过。他们问农妇有没有看见一个黑衣女孩儿从这里跑过，农妇指指田地后面的山道，于是两人向那个方向追了过去……

确定他们走远了后，我从草垛里出来，来不及向农妇道谢，就向与那两人相反的方向的山里逃去。走到山林里时天色已经黑了，我摸索着向前走，夜晚偶尔响起的鸟叫声听起来格外吓人……突然，"砰"的一声，我掉进了一个洞里，四周是滑腻的岩石、青苔。隐约传来昆虫若有若无的叫声，毒蛇嗞嗞地吐着信子在洞顶的树根上盘旋。我借着洞顶照下来的月光往前走，看见了3个石门，用手指触摸，感觉到一个上面是心脏图案，一个是花朵图案，一个是骷髅头图案，我心里犹豫着，走哪道门才能让我逃出生天。主人不知道现在在哪里，有没有回来，我知道我必须在主人回来的路上拦住他，找出应对的办法，我不能让王有生命的危险。我想起汉人有句话叫“置之死地而后生”，于是选择了骷髅头的门，使出全身力气推开了……

从门里隐约地看见点点光线，我知道自己选对了，于是就顺着往上爬。洞道里又窄又湿又滑，好几次差点儿掉下去。还好，洞窄得只能容我一人爬着前行，时不时会有石头卡住，所以没掉下去。我感觉光线越来越强了，我知道只要再往前爬一段就能出去，于是继续往上爬着。终于，看见窄小的洞口了，还有蓝色的天空，虽然就那么小一块，可是带给我无穷的动力。

就在快要爬出洞口的瞬间，突然洞口上伸出一只手，挡住了美好的光线，我还没反应过来，就被这只手拉了上去。一天一夜没有吃东西、没有睡觉，不停地逃命，我精疲力竭，昏倒在那只手的主人的怀里。

我隐约听到很大的流水声，明白自己还没死。我醒来时已经是午后，鸟儿在树上快乐地鸣叫，慢慢睁开双眼，映入眼帘的是一片片随风飘落的粉色花瓣，散发着淡淡的香味，对面的湖水瀑布很好看，湖边的大石头也很好看。活着的感觉真好！

突然我感觉脑袋下的地面会动，不对，地面怎么是暖和的？再转头一看，原来我的脑袋在一个陌生男人的胸膛上。我暗想：莫非是他救了我吗？正要开口说话，那个男人朝我摇摇手指，意思是我继续睡也没关系，我觉得很不好意思，听见对方的心跳好平稳。就在这个时候，他压低嗓音很温柔地问：“你好点儿了吗？”我问：“你叫什么名字？”他轻轻地说：“……”我觉得这家伙真的很逗，这么大的人说话这么小声，生怕别人听见似的，没听清他说什么，于是呵呵地笑着问他：“叫什么呀？”他又说了一遍：“吕结。”这次总算听清了。

纷繁混乱的记忆，没有连贯的故事情节。

之后，我看到了一座小木屋，炊烟袅袅。我带着一个小男孩在屋子门口择菜，突然马蹄声从远方传来，我看见一队披着黑色斗篷的人，斗篷上的图案那么熟悉，为首的正是我的主人慕风，而我身后的小男孩和渐渐走近我的主人长得非常像。小男孩躲到我身后害怕地问：“妈妈，这些是不是坏人？”我愣了一下，因为祭司是不可以爱上任何人还生下孩子的，我不知所措，准备转身进屋，主人走过来抓住我：“这是不是我的孩子？”我不知道怎么回答。

只记得最后我倒在满是花瓣的湖畔，水镜慢慢沉进湖泊，血把周围的花瓣染出妖艳的颜色，我悲伤地看着吕结慢慢消失在我逐渐模糊的视野里。慕风抱着我渐渐冰冷的尸体号啕大哭。

我在北京真的遇到了和我的主人慕风长得一模一样的男人，我坚信就是他，可是等待我的却是伤心的眼泪和永远失去的味觉。

也许它只是一个离奇的梦，可是我坚信梦里的故事真实发生过……

深谷有佳人，若兰芳沁林，与君隔千载，盼汝归故里。思离尤憔悴，千年去未回，唯留伤心泪，独守出征盔。九道轮回终不改，数岁来生待君悔，再世逢君日，芳尽时已晚，知君已忘兰。

最后一段是她写的诗，梦其实到慕风抱着她的尸体号啕大哭就结束了。后来她说她去了很多地方，终于在北京找到了那个梦中的主人——慕风。现实的慕风比她小两岁，已经有女朋友，她刚开始没敢直接和他说，但是后来还是坦白了一切，当然这个慕风不相信她说的。后来，梦女似乎绝望了，带着伤害，回到了故乡。

受到伤害的原因是，现实中的慕风没有放弃以前的女友。女孩说受到这次打击之后，自己的味觉消失了，去医院检查也查不出任何原因。我感觉这次失恋一定对她造成了不小的打击。而且听女孩说这个梦她从 6 岁的时候就开始做了，而且每次内容都一样。

为了更深入地了解这个梦境，我按照老师的解梦要求跟她进行了一次对话。下面是我们的对话（对话中的解梦师即我的学生，其中也包括了群内其他人员的问题）：

解梦师

常故，你的这个梦，从什么时候开始的？ 梦到过几次了？ 你描述的完全是梦中的情节吗？

常故

6 岁开始。我把匈奴和突厥都打错了，你不会怀疑我是编的吧？

解梦师

我不怀疑。

常故

每次这个梦做完，我的眼睛第二天都会很累，因为会哭一夜。我的性格有点儿像猫，这是我妈说的，有点儿多疑，可我喜欢所有的猫科动物。

后来我决定去寻找慕风。我去过宁夏，可是不知道该从哪儿找，还去过浙江、天津，凡是感觉慕风可能在的地方我就去，后来在北京真的找到一个一模一样的人，可是结果，唉……

解梦师

是几次故事的叠加还是每次都不一样？你的梦是延续性的，还是重复的？

常故

很多次叠加，每次梦前面已经知道后面，可是还是要继续做完。

解梦师

就是说，每次的梦内容是一样的，那你平均多久做一次这个梦呢？从 6

岁到现在做了多少次了？

常故

开始是每一年做一次，后来变成3年一次，2008年以后，每次月亮快圆时就会做。

这也是一件让我很恼火的事，只要开始做就不会停，明明知道结果的。

解梦师

你试过中途醒来吗？ 或者你的梦被外界打断过吗？

常故

中途想过醒，因为自己也知道那是个梦，就像你在一面镜子前观察自己一样。

解梦师

梦中的你是在看一场自己演的电影还是亲身经历？也就是说，梦中你是第一人称还是第三人称？

常故

逃跑时，感觉自己是第一人称，但是后来看见自己死的时候却是第三人称。

解梦师

公元582年，突厥内乱，这个年代是你梦中清楚地记得还是后来自己查的？

常故

是梦里面，慕风告诉我的突厥内乱，时间是吕结这个救我的男人告诉我的。

解梦师

你在北京找过那个男人，后来情况怎么样？你们交往了吗？

常故

在北京找到过和梦里长得一样的男人，他后腰上也有一颗红痣，但是我现在离开他了，并且失去了味觉。

解梦师

失去了味觉是什么意思呢?

常故

失去味觉就是吃什么都没有味道，如同嚼蜡，我本来是做厨子的，现在不得不放弃我的工作。

解梦师

那你现在呢?仍然没有味觉吗?

常故

是的，没有。

解梦师

没有味觉很痛苦啊 ，是梦里没有味觉 ，还是现实中没有味觉?

常故

是现实中没有味觉了。

解梦师

味觉消失，你觉得是心理问题么?

常故

味觉消失和心理有点儿关系，我在失去味觉之前因为生气，两天没有吃东西，后来嘴里很苦，到晚上去吃东西，就吃不出味道了。

后来五官科医生说可能是神经性的，只是暂时失去味觉。反正也没什么，味道是可以想象的。

解梦师

你结婚了吗?

常故

我没有结婚，从小就没什么桃花缘，和男孩子基本都是哥们儿的关系。

解梦师

你能说说在北京你见到的那个人的情况吗？

常故

他是北京土生土长的本地人，我认识他也是一个偶然的机会，在一家叫味觉的餐厅，他是主管。我看见他的时候，自己都不敢相信，非常高兴，就差没有手舞足蹈了。

解梦师

然后呢，你和他说了吗？

常故

后来我面试通过后，做他的下属。刚开始没有说，我怕他觉得我莫名其妙，接受不了。

后来我问过他，就在今年冬天一个月亮很圆的晚上，我问他："你前世是我的主人，是个王爷，你信吗？"他说他信，因为他的父母找过阴阳先生给他算过，说他前世是个王爷或将军什么的，我说我没有开玩笑，我刚说的话是真的，我找了你很久……

解梦师

嗯，然后呢？

常故

他说他有女朋友，叫我不要影响他的生活，我就对他说，算了，就算今天晚上我什么都没说过。我转头准备走的时候，他叫住我，然后拥抱了我一下，我的脑海里瞬间闪过他出征的画面。所以，我坚信我没找错人。后来我想就算他不记得我，我也会留在他身边……

解梦师

是什么原因促使你最终决定离开他的呢？

常故

难道我还要纠缠他吗？他已经不记得我了。之后还有很多事，我不想对别人提起……

解梦师

你在梦中提到的水镜是什么？

常故

水镜是一块当时我用来祭祀的镜子，没有镜面，在梦里每次的日祭和夜祭都是由我完成，日祭是太阳和月亮同时出现的那天，夜祭就是满月还有湖水盈满的那天。

解梦师

你知道你和慕风、吕结的关系吗？

常故

隐约觉得我给慕风生了孩子，后来他要带我走，吕结要杀他。

解梦师

是不是一个三角恋呢？

常故

不知道，因为空白了一段。我努力过想完整，可是每次基本都差不多，就模糊地看见吕结走了，慕风在哭。

解梦师

在你梦中，你对吕结是什么感情呢？单纯的救命恩人还是有别的感情？

常故

感激。今天太晚了，我该去睡觉了，一会儿我妈看见我还亮灯，又要挨批斗了。

解梦师

好吧。最后你能说一下，你和北京那个今生的慕风表白之后的事吗？

常故

我们去过他的师傅家吃饭，聊天的时候他师傅问我为什么从开始就叫他陛下，我说他是我们家主子，他师傅以为我开玩笑的，后来我把这个故事告诉给他师傅听，他师傅说我是个可怕的女人，但是我的眼神太哀怨，他说从来没接触过像我这样的女人，说这样的事的时候能如此冷静。

解梦师

那你自己不会觉得很亏欠自己吗？

常故

他以前的女友和其他男的拍过那种照片，他发现后还是能原谅那女人，这说明他心里根本没有我。在感情、身体方面，我都没有亏欠他，所以我不后悔。

离开北京那天，我哭了一个晚上，那天是我的生日，那样的日子继续过下去，只会让更多的人伤心，我打电话给他本来是想再见他最后一面的……不过现在不想哭了，到今天差不多有两个月了，我现在能很平静地叙述这一切。

老师，以上就是我和梦女的对话，个案资料基本就这些了，这个梦例在我们的催眠解梦研究中心群组里讨论过，大家都摸不着门路，不知道切入点，不知道它是真的前世记忆，还是解离症，又或者是精神分裂，希望老师给些启示和帮助！

我认为她的梦并不是从6岁就开始了，而是她北京失恋后才开始的。我能感觉到这次失恋对她的打击很大，可以说是一次严重的心理创伤，那么根据我的知识结构，我认为她的潜意识是产生了自我防御机制，而这种机制的表现为“代替性防卫机制”。

而“代替性防卫机制”是用另一样事物去代替自己的缺陷，以减轻缺陷的痛苦。这种代替物有时是一种幻想，因为现实得不到实体的满足，便以幻想在想象世界中得到满足，有时用另一种物件去补偿因缺陷而受到的挫折。这类防卫机制分幻想型和补偿型两种。而她这种恰恰是属于幻想型。她主观认为梦是儿时的记忆，一直以来就有的，在此我予以否定，事实上在生活中我们看到的未必是真的，看不到的也未必是假的。

另外，我还有一个论据可以证明这一点。常故说她从北京回来味觉就丧失了，这很明显是一种心理障碍，是由于心理问题引起的短时期感官失调，正是由于这一点，我更加认定她所承受的心理创伤的严重性，据了解，他们交往了半年，应该也同居了，被自己深爱的人所抛弃，会使很多心理承受能力差的人产生严重的心理问题。所以，我认为味觉的丧失和幻想型防卫机制的启动，减轻了她所承受的压力。而且现在她每天打两份工，也是她希望充实自己的生活、逃避无聊的胡思乱想的体现。

所以说，我认为她的梦是她在北京期间和她爱着的慕风的生活场景的加工、变形以及升华。她把自己记忆中的一些碎片融合在一起，杜撰了这个凄婉、生动、感人肺腑的故事。这个梦是潜意识和显意识合作的产物。

老师，您觉得呢?

以上就是我的学生记录的整个解梦过程以及他自己对这个梦境的看法。我相信大部分人看完之后也都很难分辨其中到底哪是现实、哪是梦境、哪是白日梦了。这个梦与一般的梦不同，它融入了女孩太多的情感和生活，这个梦变成了她生活的组成部分以及人生的使命，为了这个使命，她将自己的生活变得很简单——寻找那个叫做慕风的真命天子!

其实我基本同意我学生的看法，与其说这是一个梦，还不如说这是潜意识与显意识合作的产物——一个白日梦。不过这个白日梦，不是一个仅仅想想而已的白日梦，而是一个真真切切的白日梦，是一个被女孩当成了现实的白日梦。女孩将自己融入其中，成为其中一个角色，感受其中的爱恨情仇。我们看到，所有穿越剧中的情节在这个梦中都有体现：英雄、阴谋、爱情、献身以及模糊的三角关系等。所以，要解开这个梦境，还得从女孩的人格特征上来寻找突破口。

从提供的信息来看，女孩有如下几个方面的明显特征：

第一，喜欢看《黄帝内经》《神农本草经》《伤寒杂病论》等书，还喜欢阅读一些关于种花和古墓挖掘的书籍，喜欢成吉思汗。这说明女孩是一个喜欢神秘事物、历史典故以及崇拜英雄人物的人，这一特点铸就了她内心的英雄情怀。

第二，她自己在梦中的角色是一名巫师，但不是一名普通巫师，而是一名为了爱情可以献身的巫师，这充分说明了女孩内心的神秘主义倾向以及宿命论倾向，她相信一切命中注定。

第三，她的母亲说她像猫，说明她多疑，而她自己也喜欢所有的猫科动物。我们知道，所有的猫科动物都优雅、独立、多疑，不喜群居，喜欢独来独往。女孩就是这样一个活在自己精神世界里的人，她与外界没有触点，她只活在自己的世界里，沉浸在自己的神秘情绪和英雄情怀之中。

第四，女孩受到创伤之后失去了味觉，这是一种典型的心因性躯体疾病，是一种神经症，这更说明了女孩具有敏感多疑、富于幻想的性格特征。

最后一点十分重要。当学生问到女孩有没有结婚时，女孩的回答是："我没有结婚，从小就没有什么桃花缘，和男孩子基本都是哥们儿的关系。"这一回答说明了一个很重要的事实，那就是女孩在青春期的整个成长过程中，基本上没有被人追求过，没有爱情的美好体验，因此，她只能把自己这份压抑的情感寄托在梦境或者说白日梦之中，从而完成这一释放。同时，也正是因为制造了这样一个梦境或者白日梦，女孩才能鼓起足够的勇气去追求现实生活中的真实情感，因为这种情感被她赋予了使命感，给了她在现实生活中追求自己所爱的勇气，让她可以不再害怕可能的拒绝，而是以前世情缘的方式给予自己巨大的精神力量。

因此，从另一个意义上来说，这个梦，其实是女孩的一种自我催眠，是情感受挫之后的精神修复。这里的情感受挫，不是指女孩在北京遇到自己的真命天子遭到拒绝之后的情感受挫，而是整个青春期成长过程中没有感受到爱情那种难以言说的深深的受挫感。

而当我们应该有的某种感受受到抑制时，我们就会发展出来一种补偿机制，就如同我的学生所说，一种替代性防卫机制，从而令自己受挫的情感得到满足。在这一点上我基本同意我的学生的分析。但是，在导致这一梦境的诱因上，我不认为这个梦是女孩在北京受挫之后出现的，应该是出现在青春期的后期，是长期情感压抑之后的精神修复。

此外，这个梦，当然不是从 6 岁时开始的，那是女孩的防卫性记忆错误，因为她需要制造一种宿命的前世情缘，所以需要令这个梦越早出现才越具有说服力。至于里面的人物角色等其实都不是十分重要，那些都是女孩旷古爱情以及英雄情怀的道具。男主角慕风，是梦女成长经历以及阅读经历所收集的所有碎片的产物。在北京巧遇到的真实版慕风，应该是与梦中的慕风有某种相似之处的，但绝不是一模一样，因为记忆可以修正，女孩可以根据现实版慕风来修正梦境中的慕风，最后发现他们“真的”是一模一样的了。

那么，这个梦到底是不是一个真实的梦呢？我的看法是，这是一个由真实的梦、白日梦以及防卫性记忆所构成的一个故事，你不能说她没有这样的梦境，但是也不能说真实的梦境就是这样的。梦境本身并不重要，重要的是这个故事。

而这个故事，其精髓其实都在女孩写的那首诗里面。这个梦，就是这首诗的舞台版，将诗的内容表达得淋漓尽致——其实，这就是女孩心中的旷古爱情情怀!

深谷有佳人，若兰芳沁林，与君隔千载，盼汝归故里。思离尤憔悴，千年去未回，唯留伤心泪，独守出征盔。九道轮回终不改，数岁来生待君悔，再世逢君日，芳尽时已晚，知君已忘兰。

5. 肉肠安检——大龄女未婚青年的焦虑

女人经常问：是到底先有性还是先有爱？甚至自诩她们才是先有爱后有性的，而男人则是先有性后有爱的禽兽。其实，性与爱的关系就如同鸡与蛋的关系一样，似乎永远都说不清道不明。或者我们可以这样说，性与爱的关系就如同硬币的两面一样，是相互依存的。

如果你是一个女孩，情人节有人把一根肉肠作为礼物送给你，你会有什么样的反应？是满心欢喜，还是暴跳如雷？

我认识的一个女人，应该算是一位单身贵族吧，在情人节里，做了一个梦，梦见自己变成了肉肠质检员，负责检查肉肠是否安全——挺有趣的一个梦。

下面是她对梦境的描述（她的注释：梦的主角——我和我的两个妹妹冰和莹。梦境中我们回到了小学时代，那时候我和冰在同一所学校念书，而莹在另一所学校念书）：

我梦见回到了小学，我和冰都要上学，莹来找我们玩，但是我们都是现在大人的长相了。第二天要开学。这是一个新年的晚上，大人们都在打牌，我们都在爷爷以前的那个家里（也就是以前冰的家里），讨论去谁家睡觉，是留在冰家呢，还是去我家？最后我们还是决定去我家，因为冰家里的大人们都在打牌，很吵。

到了我家，我们三个人睡在一张大床上，但是我们没有按正常的睡觉方法睡，而是三个人横着睡，我睡中间。这时，我的姑姑（莹的妈妈）进来了，说：“这么晚了，明天要开学，睡吧。”我们三个人好像还有很多话没说完，于是我说："她们俩先睡，我还要跟肉联厂的人讨论一下火腿肠的质量安全问题，这个检测很重要。"她们俩听了，哈哈大笑起来，我姑姑不知道我们在笑什么，但也笑嘻嘻地走开了。

那个肉联厂的人没有带我去检查，好像是贿赂我，请我去喝咖啡。于是，我没什么好气地回了家。莹问我："怎么样，那些肥肉肠有问题吗？"我说："他妈的，这个肉肠子，还蛮多心眼的，没让我检查，我就回来了！"

第二天，我们去上学，我和冰去上课。莹在校门口等我们放学。好像五分钟后我们就下课了，我们三个人穿得跟校内小太妹一样。我请她俩每人吃了一个大雪糕。这时有个男的拦着不让我们走。冰说："姐姐，把他灭了吧！"我说："好！"于是我们上了一辆大卡车，我和冰坐在驾驶位上，莹坐在后面，我摇摇晃晃地开，冰在旁边像男人那样豪迈地笑，而莹在后面大呼："我的天哪！我的天哪！"那个男的吓得要死，死命地跑……我们很得意地笑……

然后，我们把卡车开到一个工地，我和冰开始搬砖头。莹说："没想到，你们身为包工头，还得自己动手啊。"我们说："你以为呢。"我们装了一半的砖，这次我让冰开车，她开得显然比我稳多了，但是，她老是像个男人一样豪迈地笑。莹跟我说："姐，不如等一下谁映入我们的眼帘，只要是个男的，我们就去撞他，好不好？"我说："这，好像不好吧，万一遇到一个很丑的，撞了还得赔钱，多划不来啊！"莹说："你不懂，丑男多作怪，很有意思的。"我说："好吧，我们负责撞，你给钱。"冰说："撞丑男还不如让我和姐去肉联厂检查，说不准还可以捞点儿回扣，这样，可以少运一次砖……"

这一天晚上，我们还是回我家睡的，还是我睡中间。莹说："不如出去放个烟花吧。"我说："我才不去呢，我穿着中年欧巴桑的睡衣，万一给熟人看见了，我小太妹的形象不是就完全毁了？"冰说："那个肉肠子居然在我们的地盘不老实，不如把他给阉了。”我有点儿无语，心里想：“我们现在还是小学，怎么就这么猖狂了，而我们的家长好像也都不管，唉，看来这世道变了。不过，凶一点儿也好，不受欺负。”我跟冰说：“明天，我们把肉联厂收购了吧，省得老要跟那个油腻腻的家伙打交道。”莹说：“哎哟，我们定期质检一下，也很有意思的嘛，下一次，我们三个人一起去，把他弄脑残。”冰说：“不如明天我们回新买的房住吧，你说，我们买了个房，为什么还老住家里啊？”我说：“这就是所谓的最危险的地方也最安全吧？”于是，我们三个人像男人一样笑了起来……

我后来去当了个包工头，冰还是和我一起做包工头，我们把肉联厂收购了。那个拦着我们路的人，后来变成了母校的看门人，我们发现他已经很老了，也不记得我们曾经吓过他了。莹变成了质量检查员，她说：“老姐，我当初说，为了过过质检的瘾就把肉联厂收购了。那以后，你是不是也要自己养猪啊？”我说：“如果你想，有什么不可能呢？一切皆有可能。”然后，我们三个又在那里狂笑了！

这个梦够复杂吧，头绪很多。其实只要我们抓住梦境中关键的信息和环节，不被一些无关的资讯分散注意力，就可以很好地抓住这个梦的主旨。下面我们来仔细分析。

【第一幕——节日气氛】

“我梦见回到了小学，我和冰都要上学，莹来找我们玩，但是我们都是现在大人的长相了。第二天要开学。这是一个新年的晚上，大人们都在打牌，我们都在爷爷以前的那个家里（也就是以前冰的家里），讨论去谁家睡觉，是留在冰家呢，还是去我家？最后我们还是决定去我家，因为冰的家里大人们都在打牌，很吵。”

这一段似乎是讲过年，表达的是一种节日前的氛围，这就是由于情人节的临近所产生的联想，当然也是由于新年刚过，过节的气氛还没有完全散去。在这样的节日气氛中，大人小孩都很放松。但是，大人有大人的世界，小孩也有小孩们的世界。小孩在一起说说悄悄话，搞搞恶作剧。

我觉得，在情人节这样一种气氛下，梦女的心态应该还是很放松的，这种放松让她联想翩翩，回到自然感性的状态，如同回到童年。因此，她们姐妹们之间一些轻松的话题就很容易进入她的脑海中，从而在梦境中得到反映。也不排除她们姐妹们之间打算在这么一个特别的日子搞点什么恶作剧呢。

【第二幕——三人世界】

“我们到了我家，三个人睡在一张大床上，但是我们没有按正常的睡觉方法睡，而是三个人横着睡，我睡中间。这时，我的姑姑（莹的妈妈）进来了，说：‘这么晚了，明天要开学，睡吧。’我们三个人好像还有很多话没说完，然后我说：‘她们俩先睡，我还要跟肉联厂的人讨论一下火腿肠的质量安全问题，这个检测很重要。’她们听了，哈哈大笑起来，我姑姑不知道我们在笑什么，但也笑嘻嘻地走开了。”

这一段表达的主题也很清晰：姐妹情深。我们看到：首先，三个人睡在一张床上，不是感情深的姐妹们是不会这么睡的；第二，三个人有说不完的话；第三，最重要的是，三个人之间有“黑话”（然后我说：“她们俩先睡，我还要跟肉联厂的人讨论一下火腿肠的质量安全问题，这个检测很重要。”），也就是别人听不懂的话（她们听了，哈哈大笑起来，我姑姑不知道我们在笑什么，但也笑嘻嘻地走开了），有共同的秘密。有共同秘密的关系才是牢固亲密的关系。这也奠定了梦境后面的内容，只有三姐妹才懂得其中的密码。

【第三幕——单身贵族的惆怅】

“那个肉联厂的人没有带我去检查，好像是贿赂我，请我去喝咖啡。于是，我没什么好气地回了家。莹问我：‘怎么样，那些肥肉肠有问题吗？’我说：‘他妈的，这个肉肠子，还蛮多心眼的，没让我检查，我就回来了！’”

这一段表达的是临近情人节时梦女潜意识里不经意地对自己的单身贵族状态感到些许惆怅。在平时，忙碌的工作和充实的生活很容易让人忘掉这种状况，而且现代人因忙碌的生活节奏和对理想与事业的追求而容易忽略情感方面的需求。但每逢节日时，被压抑的情感需求却苏醒了。因此，在情人节临近之际，周围所有的人，所处的环境，都无时无刻不在提醒梦女的单身贵族身份。也许在平时，单身贵族是人们羡慕的对象，但在节日时，这种身份却让人触景生情，生出遗憾和惆怅之意。

毋庸置疑，在这里，肉肠子是具有明显的象征意义的。

【第四幕——嬉皮小太妹】

“第二天，我们去上学，我和冰去上课。莹在校门口等我们放学。好像五分钟后我们就下课了，我们三个人穿得跟校内小太妹一样。我请她俩每人吃了一个大雪糕。这时有个男的拦着不让我们走。冰说：‘姐姐，把他灭了吧！’我说：‘好！’于是我们上了一辆大卡车，我和冰坐在驾驶位上，莹坐在后面，我摇摇晃晃地开，冰在旁边像男人一样豪迈地笑，而莹在后面大呼：‘我的天哪！我的天哪！’那个男的吓得要死，死命地跑……我们很得意地笑……”

如果现在还没有男朋友，你会怎么办？有两种可能性：一种是你可能会很敏感，外表比较拘谨严肃，似乎对此很冷淡，但内心却十分渴望遇到一个男人，让他抚慰你寂寞的心灵，这一种属于比较缺乏自信的单身一族。另外一种可能性就是你可能会自嘲，你会表现得满不在乎，但在内心深处仍然会渴望获得一份真实的感情，但你不会太在意，因为你需要的不是一个可以抚慰自己寂寞心灵的男人，而是一个可以与自己发生爱情的情人。这一种就是属于比较自信的单身贵族。

梦女可能属于后一种单身贵族。这在梦境中显露无遗：首先是小太妹的装束，吃着大雪糕时的旁若无人，然后是遇到拦路虎时的放肆，甚至在后面的梦境对话中也出现了看到男人就去撞的场面。对这样“恨男”的梦境，我只能这样去理解：如同恨铁不成钢一样，这帮小太妹对现在的男人太不满了，难怪在她们眼中，男人仅仅是一根肉肠子，还是一根油腻腻的肉肠子，而且是一根让人不放心、需要进行安检的肥腻腻的肉肠子。梦女对于没有在情人节对这根肥腻腻的肉肠子进行安全检查而耿耿于怀。

这也反映出都市“白骨精”们在情感问题上遇到的困惑——你说没有男人吧，两条腿的男人到处都是；你说有吧，却又挑不出来一个像样的，大部分都是那种肥肥腻腻的肉肠子。好不容易看上一个，人家早就名草有主了。对于油腻腻的肉肠子，你说不吃吧，又没有别的东西好吃；吃吧，又很腻味，真是左右为难啊。

【第五幕——小太妹们的情人节艳遇】

“然后，我们把卡车开到一个工地，我和冰开始搬砖头。莹说：‘没想到，你们身为包工头，还得自己动手啊。’我们说：‘你以为呢。’我们装了一半的砖，这次我让冰开车，她开得显然比我稳多了。但是，她老是像个男人一样豪迈地笑。莹跟我说：‘姐，不如等一下谁映入我们的眼帘，只要是个男的，我们就去撞他，好不好？’我说：‘这，好像不好吧，万一遇到一个很丑的，撞了还得赔钱，多划不来啊！’莹说：‘你不懂，丑男多作怪，很有意思的。’我说：‘好吧，我们负责撞，你给钱。’冰说：‘撞丑男还不如让我和姐去肉联厂检查，说不准还可以捞点儿回扣，这样，可以少运一次砖……’”

这一段梦境，似乎平淡无奇，只是小姐妹之间的简单无聊的对话。但是，如果仔细研究下去，一定会吓你一大跳！原来这是一段很“色”的对话，所有的对话全部围绕着一个主题——性！这是小太妹们在情人节时对男人的恣情遐想。

下面我们仔细来分析。

首先来看这一段：“莹跟我说：‘姐，不如等一下谁映入我们的眼帘，只要是个男的，我们就去撞他，好不好？’”在这一段里，“看到男人就撞”是什么意思呢？结合前后的梦境，就可以发现个中的奥妙。原来，这其实是一个省略句。我记得在我的一篇讲梦的分析理论文章中曾经提过这一点：在一个梦境中，省略了的东西才是最重要的，因为潜意识为了隐藏，为了不把自己的真实意图暴露出来，在关键的时候，会采取省略的方式来处理，无论是对话，还是具体的梦境情节，都是这样。在这个对话中，“看到男人就撞”其实是“看到男人就撞上去”的省略。这里省略掉了“上去”这两个词，而省略掉的词往往是最重要的，这就让我们破解了这句话。原来这句话的意思就是“看到男人就上”啊！

莹这句“黑话”翻译成白话文的意思就是——姐姐，今天是情人节，说什么我们三姐妹也不能委屈自己啊，只要遇到男人，管他什么男人，我们都上他！好不好？

你们觉得匪夷所思吗？其实不然，在情人节这样的特别日子里，对于没有男朋友的单身贵族而言，尤其是具有嬉皮士风格的小太妹，姐妹们在一起肆无忌惮地谈论男人，并且谈论如何“上”男人应该是十分正常的事情，就如同几个单身男人在一起谈论女人一样。

特别有意思的是，通过她们的对话，我们完全可以知道她们三个人在情人节这样特殊的日子里对于“艳遇”各自有不同的态度和要求。

“我说，这，好像不好吧，万一遇到一个很丑的，撞了还得赔钱，多划不来啊。”这句话是梦女说的，什么意思呢？这句话的意思是这样的——这不太好吧，要是碰上一个没有感觉的也上，那不等于赔了夫人又折兵吗——白花钱了！多划不来。

这句话充分表达了梦女对于情人的要求——要长得帅，要有感觉！

然后是莹的回答：“莹说：‘你不懂，丑男多作怪，很有意思的。’”这句话翻译成白话文是这样的——姐姐，这你就不懂了，长得丑的男人才有味道，才懂得逗女人开心啊（言下之意，长得帅的男人都是中看不中用的家伙，看起来好看，吃起来味道不怎么样啊）。

这句话也把莹对心目中完美情人的要求给勾画出来了——长得帅不帅不重要，关键的是要有趣，要懂得讨欢心！

“我说：‘好吧，我们负责撞，你给钱。’”这句话就是姐妹们之间的戏谑之语了，意思是——那好吧，到时候碰到了，我们就上了，你请客吧。

这句话还透露出梦女的一种性格特征。梦女虽然对自己的情人有要求、有标准，但并不刻板固执，她在不同的场合能够作出适时的改变，其实她的内心的标准还是很难改变的。由此看来，这位梦女是典型的外圆内方型女孩。她表面上看好像很嬉皮、无所谓，能够适应环境，扮演不同的角色，但是，内心深处却有一个严格的标准，装不进去的东西是永远也装不进去的。用一句比较通俗的话说，这是一个语言（思想）的巨人，行动的矮子。也就是说，在对待男女关系上，她什么观点都能接受，说起来都行，但是，轮到要她实践的时候，她却做不到！

“冰说：‘撞丑男还不如让我和姐去肉联厂检查，说不准还可以捞点儿回扣，这样，可以少运一次砖……”冰的这句话是什么意思呢？冰的意思是这样的——要降低标准去委曲求全，我才不干呢！还不如我去自摸呢！这样肥水还不流外人田啊，还可以让我留点儿时间再找男朋友呢。

这句话中，关键词是“肉联厂”和“回扣”。肉联厂自然让我们想起肉肠子，那不是代表男人吗？是的，但是，在这里，强调的是肉联厂，其实都是跟肉体有关的联想。因此，可以让人联想到男性的肉体，也可以让人联想到女性的肉体。那为什么我要解释成女性的肉体呢，关键是下面那一句“回扣”，回扣的意思就是肥水不流外人田，就是不愿意倒贴的意思。想想看，如果想要快乐而不让身体倒贴，只有一个办法，那就是自慰。

这一段其实还可以这样来理解——让我这样降低标准去委曲求全，我才不干呢！还不如让我随便到哪个酒吧去坐坐，说不定还可以遇到一个心仪的帅哥呢！

其实，不管这一句如何翻译，都表达了冰对男性情人的要求——不愿意将就，一定要中自己的意。否则，还不如不要男人的好。

那么，冰是不是就是这样的人呢？其实未必，结合上下梦境的情节分析，冰应该属于跟梦女相反的类型，即外方内圆型，换句话说，她属于那种表面上很坚持自己的原则，“宁为玉碎，不为瓦全”，但在实际中又会是那种感觉差不多也愿意将就的类型。她也是属于语言（思想）的矮子，行动的巨人。

莹则属于那种生活得更真实一点儿的女孩，她的思想和行为更加统一一些，她只关注于自己的内心体验和身体感受，最关键的一点，她敢于公开宣扬她的观点。根本的原因在于，她受传统观点的桎梏较少，她基本上是靠自己的体验和经历感悟人生。

说到这里，我相信大部分人应该会在心里作出一个价值判断，觉得莹的方式最好，其他两位差些。其实不尽然。莹的情爱观是一种纯粹体验式的情爱观，而另外两位却将文化内涵融入了情爱观，感官的享受只是其一，精神的享受也被融入进来了，这就为爱情添加了更加丰富的内涵，将使人获得更加美好的情爱体验。但可能存在的问题是，精神要求越高越不容易找到符合的客体，过于追求精神弄得不好就会阻碍感官的体验和享受，从而陷入到情爱的痛苦之中。

莹的这种风格成因有二：一、莹天生就是感受型的人，表里如一，活得十分快乐，想什么就做什么。当然，还有第二种可能性，就是莹的本性并不是这样，她跟其他姐妹一样，是一个在爱情上有精神追求的人。后来因为屡次碰壁或者饱尝了精神追求所带来的痛苦，为了让自己免于遭受这种痛苦，所以用一种满不在乎的方式来掩盖自己的真实追求，或者用一种纯粹感官的体验来麻醉自己的心灵。如果是这样，那么莹在姐妹中应该就是最痛苦的一个，是分裂程度最严重的一个，她的内心很痛苦，但被她轻描淡写地压抑住了。

这三种情爱观具有典型的意义，代表了相当一部分女孩子的情爱观。

但是，至此，还有几个疑团没有解开。我们继续往下来看。

“然后，我们把卡车开到一个工地，我和冰开始搬砖头。莹说：‘没想到，你们身为包工头，还得自己动手啊。’我们说：‘你以为呢。’我们装了一半的砖，这次我让冰开车，她开得显然比我稳多了。”

我们看到，在前后的梦境中多次提到了运砖，而且只有梦女和冰运砖，而莹并没有运砖。那么运砖是什么意思呢？结合上下的梦境，我觉得，运砖在这里就是相亲的意思。

通过这个梦境我们可以猜测，梦女和冰应该有多次相亲的经历。但是，莹对此很困惑：看起来你们俩的条件都要比我好（包工头），为什么你们还要相亲找对象呢？我就不需要。这真是：不是其中人，不识其中苦啊。梦女和冰都表达了这样的感叹。“装了一半的砖”表达的是梦女对自己相亲的不满，觉得自己每次都是半途而废。而且，梦女还觉得其实冰在相亲这件事情上比自己做得好（这次我让冰开车，她开得显然比我稳多了），期望她能够有一个好的结果。

这一幕最后一个关键性的场景，是“她（冰）老是像个男人一样豪迈地笑”，这一个场景蕴涵了太多的信息——冰刚刚与男朋友分手或者感情出现了危机，而且目前似乎还没有确定新的男朋友。

为了证实这一判断，我专门给梦女发去了短信求证。结果，梦女很惊讶地回复了短信，证实了我的判断的准确性。

这确实让人觉得惊奇吧。我为什么会作出这个判断的呢？我是这样分析的。

在梦境中“她（冰）老是像个男人一样豪迈地笑”蕴涵着两层意思。一层意思是在情人节里，三姐妹在一起，缺乏一个男性的角色，因此，一定有人来补偿承担这个角色，在梦境中这个人就是冰。为什么会是冰呢？其实冰应该是三姐妹中最女性化的角色，为什么会是她在三姐妹中承担男人的角色呢？这就隐含了她目前没有男朋友的信息在里面了。关键的判断因素是另一层含义，我从“她（冰）老是像个男人一样豪迈地笑”中看出来的不是豪迈，而是悲怆。由此我断定，她最近一定有情变。

【第六幕——爱恨情仇】

这一天晚上，我们还是回我家睡的，还是我睡中间。莹说：“不如出去放个烟花吧。”我说：“我才不去呢，我穿着中年欧巴桑的睡衣，万一给熟人看见了，我小太妹的形象不是完全毁了。”冰说：“那个肉肠子居然在我们的地盘不老实，不如把他给阉了。”我有点儿无语……心里想：“我们现在还是小学，怎么就这么猖狂了，而我们的家长好像也都不管，唉，看来这世道变了。不过，凶一点儿也好，不受欺负。”我跟冰说：“明天，我们把肉联厂收购了吧，省得老要跟那个很油腻腻的家伙打交道。”莹说：“哎哟，我们定期质检一下，也很有意思的嘛，下一次，我们三个人一起去，把他弄脑残。”冰说：“不如明天我们回新买的房住吧，你说，我们买了个房，为什么还老住家里啊？”我说：“这就是所谓的最危险的地方也就最安全吧。”于是，我们三个人像男人一样地笑了起来……”

这一幕的主题是爱恨情仇，为什么这么说呢？下面我们来分析。

这一天晚上，我们还是回我家睡的，还是我睡中间。莹说："不如出去放个烟花吧。"我说："我才不去呢，我穿着中年欧巴桑的睡衣，万一给熟人看见了，我小太妹的形象不是完全毁了。"

这一段表达的还是姐妹情深。我们知道，在过年的时候出去放烟花，对小孩子来说，就是去玩刺激的东西。因此，梦境中表达的是莹在情人节里，特别想出去找点儿刺激。但是，我们的梦女却没有这个闲心，因此给自己找了一个很好的借口。这个借口有这样的隐喻意义：我都年纪一大把了，你以为还跟你们小朋友一样啊，一边玩去。

冰说："那个肉肠子居然在我们的地盘不老实，不如把他给阉了。"我有点儿无语……心里想："我们现在还是小学生，怎么就这么猖狂了，而我们的家长好像也都不管，唉，看来这世道变了。不过，凶一点儿也好，不受欺负。"我对冰说："明天，我们把肉联厂收购了吧，省得老要跟那个很油腻腻的家伙打交道。"这时，莹说："哎哟，我们定期质检一下，也很有意思的嘛。下一次，我们三个人一起去，把他弄脑残。"

这一段似乎有一点儿突兀，因为突然冒出来一个前面并没有交代过的事情，而且小太妹们的口气都很凶。我猜测，一定是什么人得罪了小太妹中的一个，所以这时候突然冒到梦女的梦境中来了。从梦的基本原理来看，一定是与自己有利害关系的人才能够进入自己的梦境中来，因为梦的原则是"事不关己，高高挂起"。所以，根据这一原理，我推断一定有什么人得罪了梦女，从而激起了三个小太妹的公愤。而且，这个人还不是一般的讨厌，一定是令这三个小太妹非常厌恶，要不然不会说出如此狠的话。梦女并没有完全丧失的意识告诉自己，似乎有一点儿过了。不过一转念，这个世道如果不凶一点儿，可能就会被别人欺到头上来。

至于收购肉联厂，可以有两种解释：一是给自己购买资产或者做什么投资；另一种可能还是带有性的意味，就是把自己的身体收回来，远离那个讨厌的油腻腻的人，从此一刀两断。最后，莹还想出来一个恶作剧的主意，想去捉弄那个她们讨厌的男人。至于“莹说：‘哎哟，我们定期质检一下，也很有意思的嘛’”这完全是三姐妹之间的戏谑之语，大意是——其实没有男朋友也没有什么，我们三姐妹定期出去玩玩也很有意思的。

这一段由于是半路杀出来的程咬金，所以只能分析到这里。至于真相，只能等梦女自己来揭开了。再看下面的内容。

冰说：“不如明天我们回新买的房住吧，你说，我们买了个房，为什么还老住家里啊？”我说：“这就是所谓的最危险的地方也最安全吧。”于是，我们三个人像男人一样笑了起来……

这一段提到了买房，我觉得跟上一段说把肉联厂买下来有类似的意思，可能都涉及购买固定资产之类的事情，而且这种投资，一定是基于独立的需求（你说，我们买了个房，为什么还老住家里啊？），表明了梦女和冰的一种独立的诉求。所谓独立的诉求，其实就是婚姻的诉求，因为只有结婚了，才有可能从父母家中独立出来。但是，梦女的回答似乎透露出她对这个问题并不急切（这就是所谓的最危险的地方也最安全吧），说明梦女似乎还没有作好出嫁的准备，对结婚这件事情似乎并不着急。最后，又出现了“于是，我们三个人像男人一样笑了起来……”的场景，要解释这种笑，还是老思路——自嘲中透露出来的悲怆感！

单身贵族的苦与乐，在情人节这个特别的日子里的梦境中表现得淋漓尽致！

【第七幕——完美的句号】

“我后来去当了个包工头，冰还是和我一起做包工头，我们把肉联厂收购了。那个拦着我们路的人，后来变成了母校的看门人了，我们发现他已经很老了，也不记得我们曾经吓过他。莹变成了质量检查员，她说：‘老姐，我当初说，为了过过质检的瘾就把肉联厂收购了。那以后，你是不是也要自己养猪了啊？’我说：‘如果你想，有什么不可能呢？一切皆有可能。’然后，我们三个又在那里狂笑了！”

这一段有点儿大结局的味道。由于解前面的梦花费了我大量的精力，解到最后我已经有点儿疲惫了，因此对这最后一段没有什么感觉。但是，梦女却觉得这最后一段十分重要，是这个梦的完美结尾。

大家知道，其实梦是要靠做梦者自己来解的，我的作用只是作为工具和帮助者，我不应该弃做梦者于不顾而独自一个人在梦境中遨游。只是有时候做梦者对于梦境束手无策，一筹莫展，在这个时候，我才运用自己的释梦理论对梦境作一些可能性的分析和挖掘，希望打开释梦的缺口，然后再引导做梦者重游梦境，并因此而发现新大陆。现在，既然做梦的梦女积极性那么高，我当然没有理由拒绝，于是，我就把梦境中最后的这一段解梦的任务交给了她，由她本人画上一个完美的句号。

下面就是梦女对最后一段梦境的理解和分析。

其实，我想大家看我们这个梦的语言，都会认为我们三个人就算不是小太妹，也是思想相当豪放的家伙，可是，大家看看这最后一段，我和冰做了包工头，就是说爱情对我们很重要，但是自己的理想更重要。而莹做了质检员，证明她还在找真正的爱情。所以这一段翻译出来是：我和妹妹们最终还是朝着我们自己的理想去努力，那些我们曾经厌恶得想打击一下的人（那些讨厌的油腻腻的肉肠子男人），其实都成了和我们一点儿关系都没有的路人，而且在我们看来他们就像老人一样，是值得我们同情的，而我们却因为有姐妹们的相伴，度过了很多美好又快乐的时光。多年后，我们一定会一起回首，我那可爱的妹妹一定会问我，姐姐当初我们开的那些玩笑是多么有意思啊。而我，其实是代大家回答：只要我们想这样做，有什么不可以的呢？但是，反之，只要我们不想做，别人怎么看我们都没关系。对于我们三个人来说，一切皆有可能。

我们三个人在那里狂笑，不是因为悲凉，是因为很享受这种姐妹之间心灵相通的感觉，乐在其中，不是吗？

我的妹妹冰本来是打算趁清明回家扫墓时和初恋男友见面，顺便发生一下传说中的“一夜情”，以弥补当初的遗憾，可是，晚上，她却跟我说：“老姐姐，估计是搞不成了，因为过不了自己那一关啊！”

而我的妹妹莹，最后也给我发了一条短信：“每个人看到这个梦之后的感悟都不同，我看到的是姐妹们聚会时共同分享快乐、分担心事、相亲相爱的一面，当然我们大家也很‘饥渴’（请原谅，我们姐妹之间的对话都是这样的），但是我们饥渴的不是肉体，而是真正的爱情。”

这就是我们三姐妹的真面目——三个怕别人看穿心事的“小太妹”！

而梦这个情欲的舞台，却真实地还原了“小太妹”们的表象世界和心灵本色……

上面就是梦女自己对最后一段梦境的分析，她的这种分析吻合梦境吗？其实大家都知道，解梦不存在所谓对错，关键在于做梦者自己的理解和感悟，关键在于解梦的过程和解梦的结果带给做梦者的意义和价值。因此，只要解梦者自己能从梦境中获得收获，这个解梦就是成功的。

但是，总有好奇的人要问，这个梦揭示了那么多细节的东西，那么多匪夷所思的“黑话”，这些东西是否真的存在？说实话，我也不能完全肯定，这要看梦女在做梦之前的经历和心理的感触了。所以，这个谜底还是交给梦女来解开吧。

下面的内容就是梦女对做这个梦的背景描述——看了梦女这个背景描述后，我相信你们的疑问就能完全揭开了。

梦女还给我发了一封邮件。在邮件中，她作了如下说明：

一、情人节这天的早上，莹问我今天做什么，我说：“没什么特别的，估计睡一觉起来就到下午了。”她嘿嘿一笑，说：“夜生活一般都在晚上。”我说：“晚上也没什么，就是看电视。”她说她要出去HAPPY，跟另一个单身女孩一起出去玩，还要互请对方消费帅哥。我提醒她小心点儿，要注意安全。她说：“你放心，我会‘安全驾驶’的。”

二、情人节这天的晚上，她又问我在做什么，我说在看快乐大本营，她就狂笑。当天，我有东西需要莹转交给念念。收到东西后，念念给我打电话说，莹是和一个小女孩一起来找她的。我打电话给莹，取笑她。莹笑着说：“最近帅哥市场上，好货很少，现在只能去看看猪肉米男了！”

三、我和冰冰最近在互相鼓励存钱买房。我们的目标是：我买房，她买车，在结婚前，都有自己的资产。昨天冰冰给我打电话，顺便问莹最近在干什么。我说，莹今天出去“开车”了，并告诉我她会“安全驾驶”的。

四、那个肉肠子的由来，是我们有一次在QQ上聊天，说现在的男的都像肉肠子一样油腻腻的。我好像还说过，现在的米猪肠很多，又不安检。“米”是武汉的一种说法，称没有经过检查、不安全的食品为“米某某”，比如米猪肉等。猪肠是香肠的一种，就是肥一点儿的香肠。一般武汉人喜欢说“米猪肉”，而“米猪肠”这一称呼是我们三个人共同发明的。我们用“肉肠”这一名称来形容男人是“肉性动物”，而“米猪肠”则是从不进行安全检查，到处乱搞的“肉肠”。对于男人，我们三个人的观点是一致的：男的都很花心，还不如找帅点的、包装得不错的“肉肠”。莹常常笑着说：“只要想吃荤了，管他什么肠子，吃了再说。”

五、冰说，她又接到我的前男友发的骚扰短信了。冰说这个男的有毛病。她还说，哪天被搞烦了就阉了那个变态男人。我还跟她开玩笑说你是要亲自去阉呢，还是我去阉。她笑着说：“我们要是有‘含笑半步癫’就好了，让那个男的一辈子颠三倒四！”

六、梦是情人节的早上做的。

6. 撕心裂肺的呐喊——失去的痛楚之情

很多人相信梦的预兆，认为梦是神灵给我们传递的未来的信息。因此，当我们做了关于父母、亲友生病，甚至死亡的梦时，每个人都会惶恐不安，担心噩梦成真。真实的情况是不是这样的呢？梦境中的信息到底是神灵的启示，还是我们自己内心的某种情结呢？读了这个案例，你会找到答案。

梦女，22岁，大学三年级学生，有过恋爱史。

下面是梦女的叙述：

这是我在大学里的某一天做的一个梦，也是一个无法忘记的梦，时间是2007年的11月底。

一天，刚上完课，我就接到老家一位好朋友的电话。当时聊得很开心，快挂电话时，她突然跟我说了句莫名其妙的话："有时间的话，多关心关心你妈妈。呵呵，别忘了给你妈妈打个电话，要是有时间，回家看看。"我有点儿不安了，莫非妈妈生病了？那天碰巧是周末，我立刻动身回家了。妈妈看起来跟平常一样，我们也像平常一样聊天。平日我们母女聚在一起的时候有好多好多的话要说，往往聊着聊着就忘了时间。我最害怕的就是爸爸妈妈身体不好。

但因为朋友奇怪的话，我心里总不踏实。于是，我看着妈妈的眼睛，很认真地问她，是不是有事瞒着我？在我的反复追问下，妈妈终于坦白了，她确实生病了，最近一直都不怎么舒服，而且过几天还要做一个大手术。我立马蒙了，怕什么来什么，我最害怕的就是爸爸妈妈身体不好。我也不知怎么了，控制不住自己的情绪，一下子大哭起来。虽然知道这样会让妈妈心里很难受，可是不知道为什么，就是控制不了自己，哭得一塌糊涂……最后，我被我在梦中的大哭给惊醒了……

本来以为梦都是相反的，妈妈不会生病的。意想不到的是，在做完这个梦的第三天，我就接到表姐打来的电话，寒暄了几句后，她告诉我，我妈妈前几天生病住院了，并做了手术，现在正在家里休养。当时因为我要参加一个考试，家人怕我分心、担忧，所以就瞒着我。

没想到梦境中发生的事情，竟然是事实！惊骇之下，我再也忍不住了，立刻拨打家里的电话……

以上就是梦女全部的叙述。

这是一个怎样的梦呢？难道是一个预兆的梦？人的预感真的有这么准吗？要知道，梦是不可能这么简单明了的，它总是超越我们的想象，因为它隐藏在我们的意识之下。

我们通过梦女的叙述可以知道这些信息：一、梦女母女情深，每次见面都有说不完的话，可以说是无话不谈。二、梦女特别关注母亲的健康。三、梦前梦女正处于压力状态，要参加一个考试。

仅有这些信息还不够，通过询问，我还知道了两个重要信息：第一，由于大学所在城市离家乡不远，梦女平时都是一个月回一趟家看望父母，这次从十一长假回去看过父母之后，近两个月没有回去了。第二，因为梦女自述有过恋爱史，所以详细地了解了一下。据梦女说，与男朋友分手已经大半年了，现在没有新的男朋友。

好了，根据这些信息，我们来分析这个梦。

这个梦至少具有三种可能性：

一、这可能是一个预兆的梦，是人类心灵感应的写照。

二、这也有可能是一个关于压力的梦，因为是在考试前做的一个梦，梦可能是考前压力的一种释放。当然也有可能是关于情绪压力的梦，比如近期的人际关系很紧张。

三、这还可能是一个关于情感的梦，虽然梦女与男朋友已经分手大半年了，但是至今还没有新的男朋友。

以上就是我听完这个梦之后所推测的这个梦的三种可能性。到底哪种可能性更大呢？该如何来解这个梦呢？往下看之前，先闭上眼睛自己好好揣摩揣摩吧。

我当然不会主观臆断这个梦属于上面的哪一种情况，我会采取谨慎的态度，并采取解梦最基本的方法——试错法，来探求真相。

我会假定这是一个关于预兆的梦。我不相信所谓的无缘无故的心灵感应，而是相信“蝴蝶效应”。

我对梦的预兆的理解是：这个世界没有无缘无故的预感，只有对微弱、杂乱信息的潜意识进行整理后的预感。也就是说，如果事先没有相关联语言、表情或者行为等信息的输入（即使这种信息是微弱的、杂乱无章并且不被我们认真关注的），就没有后面的预感。

因此，如果我们假定这是一个预兆的梦，就必须了解在此之前到底有多少相关联的信息已经输入到梦女的潜意识中。我试图了解梦女与父母在十一长假期相处的这段时间，是否发现母亲的行为、表情或者言语有异样？是否从父亲或其他亲戚口中（比如打电话过来的表姐）获得过类似信息，哪怕只是欲言又止的信息；或者返回学校后，在与母亲、父亲或其他亲戚通电话的过程中曾经感受到任何不妥。

遗憾的是，梦女的回答是那样的肯定——“没有。”也就是说，在做这个梦之前，并没有任何可疑的信息传递到梦女脑中。根据梦女的叙述，一切是那样的正常，正常得让人简直不敢相信。但是，无论我怎么启发她，她都不能回忆起任何可疑的信息来。

这简直让我有点儿下不了台。我心想，完了，我的一世英名就要栽在这里了。

但是，我是不会善罢甘休的。如果这么启发，这么诱导，梦女还是坚持在做梦之前一切都是正常的，没有任何不妥的信息，那我就敢肯定地说，这不是一个预兆的梦！

既然此路不通，那么我们走第二条路，看看这个梦是不是跟考前压力有关。

遗憾的是，梦女否认考试对她的压力很大——即使我举出了她叙述中的证据："当时因为我要参加一个考试，家人怕我分心、担忧，所以就瞒着我。"

我的理由是：如果只是一个小考试，不重要，那母亲有必要隐瞒自己生病的情况吗？这说明这个考试还是蛮重要的，至少家里人都知道，因此，梦女对考试感到有压力很正常。而且，我还了解到，下个学期，梦女就要出去实习了，而且这段时间她也在准备毕业论文。我觉得这些因素都会让梦女备感压力。

但梦女坚决地说她从来不会因考试而感到压力，而且坚定地认为，毕业论文也没有让她感到压力，她的梦与这一切都没有关系，这让我束手无策。

看来，从考试和毕业论文让她感到压力的角度来解梦，也行不通。

现在，只剩下一条路了：从情感压力角度分析。梦女现在没有男朋友，并且已经与男朋友分手大半年了。 这可能会让她承受情感压力。

不幸的是，梦女坚持认为没有男朋友对她而言没有什么，她很习惯现在的生活状态，况且，当初是她先提出分手的。她有很多好姐妹陪她，而且还有家人的关怀，感觉自己目前并没有迫切地需要爱情。梦女的言外之意很明显：感情问题并没有对她造成任何困扰。

虽然我并不相信，也不甘心。但是，梦女给了我如此肯定的答复，我也就不便深究了。

看来，我应该放弃解这个梦了，它将成为我第一个没有解出来的梦。我想也没有什么关系，并不是每个梦都可以解出来的，正如并不是每一个方程式都是有解的。人的潜意识太深奥了，我们没有办法完全琢磨透。

抱着这样的心态，我和梦女开始闲聊，聊的都是其他的话题。

但是，在闲聊的过程当中，我发现了一个问题，就是梦女所做的事情和她所描述的事情之间是有差异的。比如说，她说她考试前从来不紧张，我信了。但是，当我们谈到旅游时，她又眉飞色舞地告诉我，每次出去旅游时她都很兴奋，晚上都睡不好觉。那我就接着问："那你考试前睡得好觉吗？"她的回答让我大吃一惊："考试前也睡不好，老是翻来覆去睡不着。"——我的姑奶奶，考试前睡不着，你敢说你考试不紧张！

这就是人类的思维系统和语言系统的差异！我相信梦女并不是有意撒谎，她确实是不知道自己是不是紧张，也就是说她对紧张的理解是有偏颇的，她不知道如何用语言来描述紧张，也不知道自己什么样的行为属于紧张的行为。

这不是梦女特有的毛病，而是大多数人的通病。也就是说，我们有时候不知道自己在说什么，我们经常不能很好地识别自己的某些行为特征。因此，我们应该通过别人对事实的叙述而非对感受的描述来发现事情的真相，判断方法，不是听你说什么，而是听你怎么说，并从不同的角度来佐证你所说的是不是事实。这是解梦的基本功。

从梦女的叙述中，我们发现她对自己的情绪状态不能作很好的描述，并且她会有选择性地描述自己认为可能与梦有关的信息，而不是客观地描述梦前一段时间内所发生的所有信息。因为她会主观臆断某些东西可能与此梦有关，某些东西虽然重要但是可能与此梦无关。这也是一般人的通病。

但是，梦已经远远超出了我们想象的范畴，什么荒谬离奇的事情它都想得出来。

我认为梦女有意或无意地隐瞒了一些对解梦而言很重要的信息，但我不知道是哪方面的信息。于是，我用不同的提问方式，对与上述三种可能性相关的信息进行了再次询问。最后，终于在情感压力方面取得了突破。

当我问到她的恋爱史时，她会不停地问我："这与此梦真的有关系吗？这与此梦真的有关系吗？"我知道我找到了突破方向。

我非常认真地对她说："根据我的判断，如果这个梦与预感无关，与考试的压力无关，那么一定与你的情感压力有关，一定是你这一段时间内出现了情感问题。只有你把这些情况如实地告诉我，这个梦才能解得出来。"

在我的耐心说服下，梦女终于吐露真情。

原来，梦女虽然在大半年前决定与男朋友分手，但是似乎分得不是特别彻底。也就是说，虽然她跟男朋友提出了分手，并且已经采取了行动，不再与他保持恋爱关系。但是，男朋友并没有死心，就当事情没有发生过一样，仍然经常来找梦女，并且仍然很关心她。

我们知道，对于小女生而言，被人关心是一件十分开心的事；在同宿舍的姐妹们面前，也很有面子。

这种情况就这样继续着，男朋友仍然一如既往地对她关怀备至，而梦女仍然一如既往地对他若即若离，很是享受了一阵子这种特别的快乐。"十一"长假准备回家之前，男朋友问她："我们到底有没有复合的机会？"那时候，梦女的心早已飞回了家，所以不假思索地拒绝了。骄傲的公主这时候完全被胜利冲昏了头脑。

事情的转折就发生在"十一"长假之后。

"十一"长假返回学校之后，一天，宿舍的姐妹突然对梦女说："你知道吗，你的男朋友找女朋友了！"

这个消息对于梦女来说，宛如一记重拳，梦女不敢相信自己的耳朵。那个姐妹又对她说："那天我去食堂吃饭，看到他跟一个女孩子在一起，很亲热。"

这件事情对梦女而言太突然了，刺激也太大了，特别是从别人的嘴中得知。梦女当即给男朋友打电话，希望得到否定的回答。

男朋友证实了这件事情，理由也很充足："十一"前曾经问过梦女是否有复合的机会，得到的却是否定的答复！最要命的是，男朋友现在的女朋友就是梦女听到消息后第一时间想到的女生——在她和男朋友还很好时就喜欢男朋友的那个女生。

这个消息的证实对于梦女而言无疑是晴天霹雳，而且是哑巴吃黄连——有苦说不出。

她认为自己受到的伤害太大了，受到了三重打击：

一、自尊心受到严重打击。在姐妹们面前，颜面丢得一干二净，所有的骄傲感顿时消失殆尽。

二、嫉妒心让她发狂。那个女生原来是自己的手下败将，追自己的男朋友没有追到，而现在，却是胜利者。

三、无比的悔恨。肠子都悔青了：男朋友本来是自己的，但是一大意，就变成了竞争对手的男朋友。多没面子啊！

这个打击对处于青春期的梦女太大了，她的情绪处于极端的不稳定状态，多次失声痛哭。在知道这个消息后的一个多月的时间里，梦女一直处于这样的状态，但给家里打电话时还要装成若无其事的样子。

在这一段时间里，梦女的情绪一直处于愤懑和压抑之中。虽然随着时间的推移以及姐妹们的劝解，心情慢慢地恢复了平静。但是，心灵受到了伤害，事实并没有改变。只是努力地不去想，把它压入潜意识中，人为地去忘掉它。

是的，我们可以忘记悲伤，但潜意识却是不会忘记的，这种悲伤，虽然被深深地压入潜意识之中，但是它一定要寻找出口，发泄出来，否则它是不会善罢甘休的。

而梦，就是潜意识发泄的最好途径。

潜意识就是借助于考试前的压力（虽然按照梦女的说法，并不是很重要的考试，也没有什么太大的压力。但是，考试就是考试，它是一定会使人产生情绪的压力的）把这种悲伤的情绪释放出来了。

下面我们来看看，这个看似预兆的梦是如何与我们的梦女的情感压力相关联的。

我们先来看看这个梦的主题。

我们可以很清楚地看到，这是一个悲伤的梦。梦女因为知道母亲生病了而放声大哭起来，并且最后在伤心的哭泣中惊醒了。

也就是说，这其实是一个发泄悲伤的梦。那么，梦女为什么会选择这样一种方式来发泄悲伤呢？我们在前面已经说过，梦女与父母感情很好，母女情深——“平日我们母女聚在一起的时候有好多好多的话要说，聊着聊着也就忘了时间”、“我最害怕的就是爸爸妈妈身体不好”。

也就是说，如果要让梦女悲伤的话，莫过于父母的身体健康问题。从咨询中还知道，在梦女读初中的时候，父亲还病重过一次，这让梦女对父母的身体健康很担忧。

而“十一”长假之后，由于情感问题，梦女不敢也没有心思回家，怕父母发现自己的情绪异常为自己担忧，因此破例地隔了两个月没有回去看望父母，而这段时间情感的悲伤使梦女对父母的思念更加深切。

因此，在潜意识的梦境中，梦女把自己这种悲伤的情绪压抑和对父母的思念交织在一起，给自己编织了一个十分合理的发泄悲伤情绪的理由——

母亲的身体健康出现问题，从而为自己的悲伤情绪找到了一个很好的出口，终于可以在梦中放声痛哭起来，把这一个多月由于情感受挫导致的悲伤情绪全部发泄出来。

这就是整个梦境中潜意识想要表达和掩饰的主题。虽然它让人感到匪夷所思，却是事实。

这个梦与我的《人性之恶》有异曲同工之妙，都是借助令人感到匪夷所思的情节表达了自己内心深处被深深压抑的情绪。

这个梦的有趣之处还在于，因为巧合，它看似是一个预感的梦。梦境与现实生活竟然如此巧合，这让梦女惊骇不已。

7.T 台秀——撕心裂肺般的金兰之情

同性之情与同性之恋的界限在哪里？是以性的关系为界还是以情的性质来判断呢？有时候，情的深度远超于性，而我们又如何为一段感情下一个关于性与情的定义呢？

梦女曾经是一位模特儿，高挑的个头，漂亮的脸蛋，拥有众多的追求者。不过，梦女似乎头脑一直很清醒，知道这一行是吃青春饭的，不可久留。于是，梦女在自己还很年轻时就毅然转行，进入了一家公司，二十几岁就拥有了较为丰富的商业经验。

有一天，她给我发来一个梦，而由这个梦，引出了一段令人难以想象的同性之间的爱恨情仇：

梦里我在参加一个 T 台秀，里面有我一个以前的老同事慧慧（现在很少来往，她是以前我们公司做得最好的，现在也混得很好），还有我以前的主管敏敏（带了我很多年）。

敏敏在安排现场，我在慧慧前面上场，前面的模特里有老外，也有很多年轻的。到我上场了，在台上的反光玻璃里看到自己的肩带颜色不一样，一黑一白（我穿的是黑裙子）。当时我想：没事，观众以为就是这样设计的。

当我走完 T 台准备下场时，情况发生了。一男子上来想调戏我，我赶紧走开了，但他跟在我后面，最后上来抱着我要亲我。台下很多人看到，但当时乱哄哄的没有人来帮忙，我就大叫“敏敏姐救我”。最后我挣脱了坏人，边跑边哭，把妆也哭花了。

奇怪的是我要进更衣室，慧慧也在里面哭，敏敏就把慧慧叫出来，让我一个人在里面……后面的就模糊了。

看完这个梦，我的第一反应是这是一个以委屈为主题的梦。但是，究竟是一种什么样的委屈，我不想妄下判断。因为多年的解梦经验告诉我，梦境中所表现的形式不一定是现实生活中的真实情节。

虽然透过这个梦我们隐约可以看到这是一个似乎跟男女关系有关的梦，而且梦女在这一关系中受了委屈。但是，有些梦境中的事件与现实生活中的真实事件相差十万八千里，所以不能轻易下结论。

更重要的是，在初次提问中，不能对对方进行方向性的提问，因为这样会束缚做梦者的思路，有可能导致相反的结果。

于是我告诉梦女，可能有件事让她很受委屈但又无处诉说，才会导致这个梦境。我的发问得到了梦女的回应，她说前一段发生了一件事情，她不知道是否与这个梦有关。

这件事情是这样的：

前一段时间，梦女由于工作的原因接触了一位有头有脸的商界人物，大家交往得很好，没有什么不对劲的事情发生。交往一段时间后，有一次，此人告诉梦女，他生日那天，希望她能去他家里，他将亲自下厨做饭给她吃。碍于情面，梦女在推托了一番之后只好答应了，但是还抱有侥幸心理，认为他只是说着玩玩，可能到时候就忘了。

可是那一天到来的时候，此人很早就打电话给她，告诉她一切已经准备好了，晚上等她去一起吃饭。梦女无法推辞，只能答应。心里虽然有一点儿忐忑不安，但是同时抱着侥幸心理，认为此人是一个很令人尊敬的长辈，平时交往中也没有发现什么不对的地方，所以应该没有什么，可能是自己多心了。于是，晚上应约而去。

此人果然在家等着她，她来了之后，才开始做饭。做好饭，两人一起吃饭（梦女没有说，估计搞得很浪漫的），一切无事。

但是，事情发生在饭后。吃完饭后，这人突然抱住了梦女，并趁她没有缓过神来的时候亲吻了她。梦女有些措手不及，但是头脑仍然十分清醒，于是也顾不得那么多，竭力挣脱他，仓皇逃离。

她还没有回到家，在的士上就收到了那人发来的短信，说什么他今天很高兴，感谢她带给他一个愉快的生日晚宴，云云。而梦女却觉得恶心，有一种受了委屈的感觉。

这就是整个事件。

在我看来，这一事件与梦境有关联。这一事件的主题是非礼和受委屈，而梦境中的主要情节也是非礼和受委屈，虽然是采取不同的表现形式，但这是梦境的惯用手法，不影响梦境表达真实的主题。

看来，这个梦就这样轻而易举地揭开了谜底。

可是，解梦真的就这么简单吗？我们看到，梦境中虽然有非礼的情节，而且这让梦女有一种无助和受委屈的感觉。但是，现实生活中的情况是，当时由于梦女的机敏和果断逃离，这件事并没有给梦女造成多大的精神伤害，只是觉得自己受了委屈，感到恶心。

然而，在梦境中，梦女在受了非礼之后是十分伤心痛苦的，甚至“把妆也哭花了”，这又是为什么呢？既然梦女觉得这件事情对自己没有太大的影响，为什么会在梦境中如此伤心呢？难道另有隐情？

此外，非礼的情节在梦境中其实只是一部分，在梦境的开头，还有很大一部分似乎与非礼的情节没有关系，特别是梦女对梦境中出现的两个女人都特别作了介绍，这是不是意味着，这个梦可能并没有这么简单呢？

梦境的开始是一个T台秀。T台秀意味着什么？意味着展示自己。这就有两种可能：一是在人生的舞台上展现自我风采，二是在事业的舞台上展示自己的能力和才华。

而接下来出场的两个女人都是职场上的同事和上级，这应该与非礼事件没有关系，那么，这是不是意味着这个舞台更有可能是一个事业的舞台？难道这个梦也与事业有关？

当我把这个疑问告诉梦女时，梦女觉得好像最近在职场上没有发生什么特别有影响的事情，现在自己事业做得挺不错，非常顺利，最艰难的时期也已经过去了。而且，自己目前的心态特别好，她觉得经过最近这一年的磨炼，好像成熟了很多，对过去的很多事情也都看得更开了。

她接着说，就是因为自己的心态转变了，最近还约了梦境中出现的前主管敏敏吃饭呢，虽然她们俩已经断交一年多了。

她这一句话让我眼前一亮，我赶紧抓住这句话问她，能不能讲讲你跟敏敏的往事。于是，梦女给我讲了她与前主管敏敏的那一段纠结往事。

梦女曾经在一家营销公司工作，由于长相甜美，工作勤奋，业绩一直不错，是公司的销售骨干。而敏敏呢，是梦女的直接主管，带领她入行的领路人。敏敏是一个很能干的领导，曾经教过梦女很多东西，因此梦女与她感情很深，把她当做姐姐一样看待。

但是，敏敏是一个公事公办的人，不太讲姐妹之情，对梦女并不特别照顾。因此，当公司新招来的营销人员用不正当的方式竞争，损害到梦女的利益的时候，敏敏并没有主持公道，只是从公司眼前的利益出发，不顾公平公正的基本原则，以业绩作为唯一的标准，这让梦女觉得很失望。

其实，公司原来就有这样一个人，那就是慧慧。慧慧跟梦女一样，也是公司的销售骨干。不过，慧慧做事不择手段，只要能达成销售业绩，什么方法都用。这是梦女不敢苟同的，因为这不符合梦女的价值观。梦女觉得业绩和奖金固然重要，但是做人更重要。如果连起码的做人原则也放弃的话，赚那么多钱又有什么意思呢？

问题是，慧慧即使这样，还不会有意去损害其他姐妹的利益，只是自己自私一点儿。现在公司新招进来的这一批营销人员，个个年轻漂亮，却个个损人利己，把公司原有的游戏规则全部打破了，一切以自己的销售业绩为中心，不惜互相拆台。

梦女认为如果这样下去，人人眼中只有钱，没有良好有序的游戏规则，是没有前途的。于是，有一天在利益受到严重损害的时候，梦女终于忍不住爆发了，而此时主管敏敏并没有站在公正的立场上说话。梦女一气之下离开了公司，从此与敏敏断绝了关系。

这是一年以前的事情了。经过这一年在社会上的磨炼，梦女在人格上成长了不少，心态也平和了很多，能够用一种理性和开放的心态去看待过去的问题，对这件事情也释怀了。于是在一周前，主动约敏敏出来喝咖啡，希望能够冰释前嫌。

当时梦女心态很平和地告诉敏敏，感谢她过去对自己的栽培。敏敏也能很理性地看待过去的事情了，两人又回到了从前，可以做回好朋友了。

这样，谜底就揭开了。原来这个梦境的激发，就是来源于此。

舞台代表着事业。“敏敏在安排现场”表明敏敏的主管身份。“我在慧慧前面上场”这表明梦女潜意识中觉得自己比慧慧强，因此自己排在前面。但是，“前面的模特里有老外也有很多年轻的”，这正说明了梦女的心态，前面有很多年轻的竞争对手，这与当时公司里的状况是一样的，至于说老外，意思也是说竞争很强。

“到我上场了，在台上的反光玻璃里看到自己的肩带颜色不一样，一黑一白（我穿的是黑裙子）”这一句最说明问题，这一句的含义是：敏敏并没有照顾好我，导致我的肩带颜色不一样，让我出丑了。至于为什么是一黑一白呢？这是暗喻敏敏黑白不分或者说颠倒黑白。“当时我想：没事，观众以为就是这样设计的”，这是梦女对这件事情的释怀或者说自我心理安慰。

而这就比较圆满地解释了梦女与前主管敏敏的一段纠结以及梦女现在释怀的心态。看来，这个梦还藏了不少东西呢。

梦解到这种程度，更激发了我的兴趣，因为这一段梦境的渊源是挖出来的。这就是解梦吸引人的地方，只要你有疑点，你就有可能挖到金矿。而现在，这个梦还有疑点。什么疑点呢？我们继续往下看。

最后一段梦境是这样的：

“奇怪的是我要进更衣室，慧慧也在里面哭，敏敏就把慧慧叫出来，让我一个人在里面……”这段梦境中“奇怪”这个词用得特别好，因为我们也会觉得奇怪：明明是梦女受到了非礼（事件一）或者说受了年轻竞争者的委屈（事件二），慧慧为什么也在里面哭呢？难道感同身受？

什么样的人才会感同身受呢？只有感情深厚的人。这就奇怪了，根据梦女的描述，自己看不上慧慧，跟她也不是很好的朋友，甚至在一定程度上还存在竞争，凭什么慧慧会与自己感同身受呢？这个说不通。

其实，还是有说得通的机会。这就必须回到梦境的第一段了。在梦境的第一段介绍出场人物的时候，慧慧出现了，敏敏也出现了。但是，后面的情节似乎与慧慧没有关系，是梦女与其他年轻女性的竞争关系以及受到的非礼。到了最后，慧慧却又突然出现了，并且跟梦女感同身受，在同样痛哭。难道是猫哭老鼠？

如果不是这样，又是怎样的呢？

不过，这里面还有一个线索，那就是慧慧出场时梦女对她的描述：这是一个自私自利的女强人。如果我们释过很多梦的话就会知道，梦境中的人物经常并不代表她本人，有时候是做梦者自己的影像，有时候是一个面具，是某一类型人的象征物，代表了跟她类似的人。

这就给了我们一个线索，如果梦境中的慧慧并不代表现实生活中的慧慧的话，那她可能代表现实生活中与她类似的一个人。而这个人，应该是与梦女感同身受的一个人，可能是与梦女感情深厚的一个人。这是第一个线索。

第二个线索，在于两个人的痛哭。前面已经交代了，梦女并没有觉得非礼的事件对自己造成那么大的精神伤害，因为自己及时逃脱了。那么，为什么两个人都会痛哭呢?

其实，这也跟梦境的逻辑体系相关。对于梦境来说，情绪的原因并不是事实的原因，梦境要表达的是情绪本身，而不是导致情绪的原因。梦境可以用任何符合逻辑的或者荒唐的原因来导致最终情绪的产生而不管其是否合理。

这几句话说得比较拗口，我来翻译一下。这句话的意思是，在这个梦中，梦境所要表达的是痛苦和痛苦的感觉，至于导致这种感觉的原因，比如说非礼调戏，可能并不是真正的原因，因为梦境并不关心原因和逻辑，它只关心结果——最后的呈现。

所以，根据这两条线索，我们可以初步作出判断，可能有一件什么事情，导致另外一个跟梦女感情很深的人很痛苦、很伤心。

这个人是谁不知道。可能是一个跟慧慧类似的自私自利的女强人，当然也不排除慧慧本身。可能还有另外一个事件，也许它才是这个梦境所要表达的核心主题。

这就是我进一步探求的结果。

各位，如果当事人不提供进一步的信息，我的解梦就到此结束了。因为我不是别人肚子里的蛔虫，我不知道他人到底发生了什么事情。

事实上，梦女也觉得这个梦已经解得差不多了，基本上就是上面提到的两件事情，应该没有其他事情了。

然而，事实证明，原来这个梦境背后，真的藏着一个更大的真相。

事后我才知道，原来梦女不是不信任我，而是她需要勇气谈这件事情，因为这是一件令她撕心裂肺的伤心往事，曾经让她万念俱灰、心力交瘁。她说，这种情感的投入和所受到的伤害，甚至不亚于一场恋爱和失恋所带来的。

说实话，在没有听到这个故事以前，我不知道同性之间的感情可以如此深厚（不包含同性恋）。在听完这个故事之后我才知道，原来感情真的是跟性别无关的。

电影《非常完美》中，饰演母亲的王姬对饰演女儿的章子怡说过这样一句话："虽然知道这种伤心和伤害的必然结果，但是仍然值得投入！"这句话可以诠释这个梦境。

这个故事，是同性之情，是金兰姐妹之间的感情，不是同性之恋。由产生到深厚再到最后决裂和互相伤害，其过程令人感叹欷歔。

下面是梦女的叙述：

我有一个女友叫莹莹，这是一个带有一点儿传奇色彩的人物。她身材高挑，长相漂亮，十几岁就当北漂，做模特。18 岁时，她认识了一个亿万富翁，闪婚，生下了一个女儿。现在，虽然女儿已经十七八岁了，但 30 多岁的她，却仍然年轻漂亮，根本看不出真实年龄。

豪门深似海，婚姻生活并不是她想象的那么美好。其实岂止不美好，应该用很不幸福来形容。据说婚姻期间，她重度抑郁。后来婚姻未能维持下去，她离婚了，得到一笔财产，于是回到家乡做一些生意。从表面上来看，她的日子过得很滋润。

我是跟一帮朋友在一起玩时认识莹莹的。当时也就是泛泛之交。经过一次事件之后，我们的感情迅速升温，成了无话不说的好姐妹。

有一次，我们几个朋友相约到广西阳朔去漂流，其中就有莹莹。漂流的时候不方便照相，但漂流点有人照相，完了之后大家去选，看到好的就买下来。当时我们漂流完之后，也都去挑选照片。因为由于人很多，所以分成了很多摊档，我们几个就分头去选自己满意的照片。

在我选照片的时候，我突然感觉有一只手在摸我的屁股。我一把抓住那只手，发现是一个男人，于是我厉声问他："你干什么？"这个人还不承认，说是太挤不小心碰到的。我十分清楚他是有意的，所以不想放过他。正当我们俩在那儿争执时，我的朋友们都过来了。在大家的劝说下，就没有追究。

事后，在一起吃饭的时候，大家又谈起这件事。同来的朋友中，有一个女孩是律师。她责怪我小题大做，说在外面要尽量少惹事，免得惹上麻烦，会有危险的。她看出那个男人是当地的地痞流氓。

我当然不同意她的观点，认为这是原则问题，这怎么能忍呢？如果忍下去，还不知道那个人会做出什么事情来。而这个女朋友，竟然是这样的态度，如此明哲保身，让我十分气愤。这时候有一个人站出来了，和我站在一边，抱着同样的态度，坚定地支持我的行为，并且指责这位女性律师朋友太自私，没有原则，认为在这样原则性的问题上不能让步，也不能害怕，要不然别人就会得寸进尺。这个人，就是莹莹。

通过这件事情，我对莹莹顿生好感，有种相见恨晚的感觉，觉得自己找到了一个志同道合的好朋友。我暗中告诉自己：这个朋友值得交，要当成一辈子的好朋友来交。

于是，漂流回来后，我们就成了无话不谈的好朋友，三天两头在一起，感情十分深厚。当时，我与男友在感情上正处于非常时期，当时跟她在一起的时间比跟男友在一起的时间长。而且，在对待感情的问题上，我也听取她的意见，因为觉得她是过来人，应该有很多经验教训。

后来，我慢慢地感觉到，莹莹似乎对男人怀有仇恨的心理，任何男人在她看来，都是对女人怀着目的的，都是想玩弄女人，没有一个好东西。当时，虽然觉得她太极端，但是自己不免受到影响，在此期间与男朋友之间的关系产生了裂痕，分分合合，反复了好几次。

与此同时，另一个女友也由于受到莹莹的影响，与男朋友分手了，失去了一个很好的男友。后来她很后悔，觉得是听了莹莹的话导致的。

我呢，虽然觉得可能是由于她早年的经历导致她这样的心态，但总觉得她是帮我，是站在女人的立场帮女人，所以仍然很相信她。

后来发生了一件意想不到的事情，改变了我们之间的关系。

这件事是这样的。圈子中的一个朋友在武汉开了一间酒吧，想请一些靓女去撑撑场面，就请了我和莹莹等一帮朋友去玩。这时候，我已经离开家乡在上海工作，与大家有一段时间没有见面了，于是分隔各地的女友们都很积极地参与了这件事。

大家一见面，都很开心，而且有人包吃包住，那就更开心了。到了晚上还是兴奋得不行，不断说话，都睡不着，于是，有人提议起来打麻将。

赌注很小，跟我们的收入相比，真的就只是玩玩而已。在打麻将的时候，发生了一件事情。莹莹觉得我算错牌了，多收了她钱，很不开心。此外，本来她要碰的牌，由于我没有听到，又把牌给抓走了，害得她和不了牌，为此她也很生气。结果她当场就闹起来，说我小气，看钱看得重。

我觉得她简直不可理喻，原来那么好的朋友，怎么能为了这么一点儿事情就吵起来呢？何况自己并没有错，但是也不想跟她吵，为了缓和气氛，我就说，如果你觉得我小气，看钱看得重，那今天麻将的台费由我来付，晚上的夜宵也由我来请客，总可以了吧。

莹莹似乎并不罢休，当时大家就不欢而散，也不去吃夜宵了，各自回去睡觉。

然而，我刚回到房间，就收到莹莹发来的短信，用很恶毒的话骂我。

我觉得她太过分了，这么小的事情，至于吗？可一想到她曾经受过伤害，而且大家又是这么好的朋友，不想跟她计较，便不理会她。

但她似乎不甘罢休，一个晚上不知发了多少短信来骂我，我干脆把手机调成振动的，不理她。

第二天，大家就散了，莹莹回了家乡，我也回到了上海。然而，莹莹继续发短信骂我，并说了很多恶毒的话。我实在忍无可忍了，于是开始回骂，历数她的“罪行”，并且在QQ空间上也列举了她的缺点和不对之处。

最后，我们两人互骂到顶峰之后，我干脆把空间中所有与莹莹有关的资讯全部删除，让这个人从自己的视线中消失。

这件事对我造成的伤害很大。这么深的一段感情，就因为这么一件小事结束了，而且是以这样一种互相伤害的方式。

这件事情之后，我的心中一片空白，人有一种虚脱的感觉，觉得这片空白无法填补。虽然我跟男朋友的关系已经恢复，却总觉得内心失去了什么。有时候真的感觉跟男朋友的关系还没有跟莹莹深，因为那时候我们俩几乎天天黏在一起，无话不谈，感觉是那么的投契。

这样的结局，让我有一种撕心裂肺的痛楚和一种强烈的空虚感。

在经过了一段时间的疗伤之后，我的心渐渐恢复了平静，并且对生活和友情有了新的感悟。几天前，我在自己的空间中写了一篇关于对幸福的理解的文章。结果，久违的莹莹又在我的空间中出现了，并且给我留了言，祝福我。

本来我以为自己已经彻底忘却了这件事情和这个人，但是当我看到她的留言的时候，我的心又不由自主地波澜起伏，并且伴随着的仍然是一种心痛的感觉。

我都不知道自己到底是怎么了，心中有一种异样的感觉，虽然觉得她人格有问题，甚至觉得她简直就是变态，但是又特别怀念这段情。心里不想答理她，却又舍不得这段得之不易的姐妹情，觉得我们之间的这种感情真的很难得，能够走到一起是一种缘分。

此外，由于莹莹的个性和作风，她跟所有的好友几乎都吵遍了，谁都不想理她，觉得跟她没有办法交流。这又让我有一种怜悯之情，觉得这个时候朋友更重要，如果连我都不理她了，她哪里还有朋友？

其实，我最大的困惑还在于，国庆节很快就要到了，我买了机票准备回家。这几天我一直在想，回到家乡之后该如何面对她。比如说要不要跟她见面？如果见面应该在什么样的场合跟她见面？见面后我应该用什么样的态度？跟她谈什么？要不要谈到过去的这些恩恩怨怨？是不是我应该像对待敏敏那样，主动联系她，冰释前嫌？

然而，过去的伤痛仍然抹不去。

看到这里，我想各位应该很清楚了吧。由于临近国庆，梦女准备回家过节，面临的问题是如何处理跟莹莹的关系。这种关系对于梦女来说，是剪不断理还乱。

而且，梦女还跟我强调，回去之后跟莹莹碰面是不可避免的，因为大家玩的圈子是一个圈子，如果出去玩，就可能会碰到。

这种焦虑和痛苦的经历，就激发了这个梦。然后，再加上最近一段时间所发生的非礼事件以及与前主管之间的纠结，旧恨新仇，一齐涌上心头，像打翻了五味瓶，酸甜苦辣咸，什么感觉都有。所以，才造成了这么一个看似简单却内涵丰富的复杂的梦境。

梦解到这里，我们终于可以说接近尾声了。因为每一个情节和段落都已经被深挖出来了。剩下的，就来解决一点儿实际问题吧。

梦女问我，如果碰到莹莹之后怎么办？我回答她：你想怎么办？她说不知道，很矛盾。

那么，我们就通过梦境来看看，她的潜意识是否已经有了答案。

“奇怪的是我要进更衣室，慧慧也在里面哭，敏敏就把慧慧叫出来，让我一个人在里面……”。

我们首先必须认识到，梦女的痛哭并不是由于非礼，因为那件事情对她的伤害没有这么大，而是由于跟莹莹的感情纠结，这才是一种真正撕心裂肺的痛楚。在这里，慧慧其实就是莹莹的替身，因为两个人有相似之处。

一个重要的线索是，在梦境中，梦女竟然看到慧慧也在哭。表面上看，它是莹莹的感同身受。其实恰恰相反，这是梦女的感同身受。也就是说，梦女对这件事情已经释怀，她从内心深处已经原谅了莹莹，并且觉得莹莹也可能对这件事情释怀了。这说明梦女内心对两人的复合充满期望。

这就是梦女潜意识里的真正想法。

通过这个分析，我可以说，梦女这次回去与莹莹复合的机会很大。

用平静的心态来对待朋友，这是一种最好的心态，便于人与人之间的交流。但是，两个人的关系能否恢复到以前的那种情感深度，就要看两个人的心境和对人生的感悟了。

当然，还有一个最重要的因素，那就是时间。

如果两个人都能够从过去的彼此伤害中走出来，那她们将成为一生的朋友。

8. 前男友与现女友——迷惘的爱情

关于爱情，原来我们以为是两性相吸，但是，当后来我们发现同性也可以相吸时，顿时就傻眼了——到底什么是爱情？其实，最能说明爱情本质的，既不是异性恋，也不是同性恋，而是双性恋！因为双性恋充分证明了爱情与性别无关，甚至与物种无关，正如本文女主角所说的那样："我爱的既非庸男，也非俗女，我爱的是那颗心。"

在临近2009年圣诞节的时候，一位梦女给我发了一封邮件，邮件里的内容是用手机拍的照片，照片拍的是她写在笔记本上的记录，讲述了她这一段的人生经历，包括她最近做的几个梦。

下面是梦女的邮件：

梦侦探你好：

我把梦记录在本子上然后拍给你看，因为时间不允许，所以字很乱，有的还是在公交上写的呢。

一直想给你写邮件。我在姐姐家里，心情时好时坏。我和芳芳的感情也是一言难尽。芳芳说，年后要开个服装店。到时候，我也到J城去和她一起努力吧。

开店要涉及店铺选址（已有初步打算）、市场调查、服装定位、选货、店铺装修、活动策划等。我想到时候会买个缝纫机对小部分服装做些修改。不局限于做衣服，有什么品类能做就加工什么，如包、小饰品之类。而且对顾客进行创意收集，一经采纳就对她们打折，收集信息的方式有面对面，以及慢慢充实QQ群（仅针对来购买过衣服的顾客，她们可自愿加入）。

将搭配好的衣服照片放到群里，而且顾客的衣服可以拿来加工。

似乎有好多话想对你说，但一时又找不到头绪。姐姐知道我和芳芳的感情，她接受了我和芳芳的事情。其实，我们也没有想过要刻意隐瞒。一直想取环，但去医院总排不上号，也许回家取吧。

有段时间压抑得很，以为自己快要崩溃了。一直在想着何去何从，妈妈的事、姐姐的事、芳芳的事，全部凑到一起。

写这些不是想向你求助什么。因为信任你，所以只是想毫无保留地对你坦白我的心理历程。

梦侦探，能够那么清楚地看到别人在想什么，应该是件很有趣的事情吧？

不知道以下算不算是个心理历程。

以前看电视，遇到尴尬场合（男女主角正在非隐蔽空间做什么事，而他们所做的事如果被第三者看到，会感到尴尬、或不能成功、或被议论、或被嘲笑）我都很紧张，希望他们能够在别人发现前赶快结束。

那天在看《钢琴教师》时，当看到女教师到男孩儿运动的场所要求谈话并在储藏室里求爱时，我的心绪只稍微紧了一下，随后便想这又如何呢？被看见又如何呢？这是他们自己的事。

最近时常做梦，但没有精力和时间把它们整理出来。

此刻，姐姐和姐夫又在吵架了，唉。

下面是我最近几天的梦境。

【第一个梦】2009.12.15

站在一个空旷的地方打电话，周围有人群走动。好像是夏日的白天，突然变得阴暗，开始下雨，电闪雷鸣。我抬头望去，高高的天空有不少的电线，感觉到不对劲，赶紧挂了电话往回跑。突然收到一条短信，心想在这么紧急的时候谁还给我发短信啊，原来是芳芳让我把电话关机。于是我立马关机，后来发现自己身上戴的一根银色项链导电，它本身颜色比较暗黑，但已经变亮了一大半，快到脖颈处了。真险，差点儿就被雷击。

我向妈妈说起这件事。妈妈给我剪头发。我说我就喜欢那样的短发，于是，她用打薄剪将我的长发剪去，并且说以后都这样剪吧。

这个梦是我在晚上给芳芳打电话聊天后做的。我们在电话中聊了很久，澄清了彼此之间的一些误会，我觉得好像对我们之间的感情有了新的认识。

【第二个梦】2009.12.16

昨晚做了个噩梦。一些人在一个类似于教室的地方。一种亮着光却又黑暗的感觉。

（场景转到）我急于去上学，却有个人说让我帮她带点儿吃的，我让她写下来，自己忙着放东西。咖啡从小杯倒入大杯，放进包。眼前有好多细细的围巾、针织品，它们是黑色和不同深浅的蓝色。我挑选了一黑两蓝。她的字条还没写好。我很急，很烦躁。她终于写好了，我随意放在兜里，又收拾了零碎的东西。

决定走时，为了确认她的纸条，又翻找了好半天，看见原来在右兜的那张纸条，上面写满了某个品牌的肉的名字，还分了章节，没看仔细，又放了回去。

快走时，在路上看见班上的一些人不紧不慢的。很奇怪，上课的时间快到了，他们怎么还那么悠闲。

（场景又转到）带两个朋友到一个类似于游乐场的地方，人造雪。进去一看，很粗糙，本来应该是亮亮的雪白，踩上去，却是像泡沫般的，黑黑的。当我们往里走时，我回过头对经理说这里真差劲。经理有点儿急，我说别急，我只是向你们反映一下。

【第三个梦】2009.12.22

总是不知从什么时候开始，闭上眼回忆场面和感觉，这也许是个判官的世界，并非皆正义，因为判官也是人，也会犯法。

一幕场景是判官们聚会，为了正法驱魔（听他们议论）。我站在门口，看到里面的判官们正在热烈地喝着酒，讨论着，似乎最近妖魔当道，但已经加大力度整顿。当我一边听一边向前看时，突然，一些似人非人的轿夫抬着一顶华丽的轿子从远处而来，轿子口亮着星星点点的灯，而我分不清他是正是邪，只知道是一位重要人物。

（场景转换）几个判官似乎要整顿内部的混乱，一个判官站出来说："你们看！"只见他抬起右手，用食指、无名指直指太阳穴，第三只眼用力圆瞪，望向旁边的池子，只见一道光射过去。他继续发力将池子里的影像引入到判官们围聚的地上。他们神色严肃地看着，而我似乎无法靠近，看不到影像。

当我想着怎么办时，池子里映出了影像，原来是他们的一个同僚正在迫害一个女子，想强奸她。那个人正用双手掐住她的脖子，右手在上，左手在下，并用力拉她的脖子。不像一般掐死人那样双手用力，更像是把她的脖子拉长了，并企图先奸后杀。

那个女子处于半挣扎半昏迷状态。由于她生命的损耗，偶尔会现出原形——鱼的尾巴。我当时在想，变成了鱼尾，还怎么强奸呢？其间一边看着判官试图强奸，一边又有身临其境的感觉——似乎自己是那个正在实施强奸的判官，又似乎是那个正在被强奸的女子！

那女子一会儿显现鱼尾，一会儿又恢复人形，但是最终那判官似乎没有成功，因为那女子变成了一朵白色的花。

（场景又一转），这朵花在一个池塘里，有一个小男孩进来捞鱼，它又变成了女人，但是似乎已经忘却了之前的所有事情，她像是从一开始就是在那里的一样。她帮助小孩捞鱼。这时候好像有一道诡异的视线一直紧紧地盯着她的举动。一个特写镜头是女人抓鱼的手，以为又是那判官盯住了她，回过头一看，那视线从饥渴变为慈祥，原来是男孩的奶奶。

（场景再次转换）从那个池子里出来的胖嘟嘟的孩子（性别不清楚），全裸着从一个高高的台阶上爬下，感觉这孩子是一个惯偷，他准备混进这堆分发食物的人群当中，偷点儿东西，于是直接挤了过去。他混进去后，拿了些肉。

似乎有人同情他，让他冒充他们中的一分子在监管那里去领食物。他小心翼翼地过去在本子上写下了一个“萨”字。我知道他把“萨”字故意写错了，怕到时候监管找他。监管神色严肃地看了看，也许是思考到底有没有这个人，但最后还是分发了食物。

（场景最后再次转换）是两个男人和刚才那个人（小偷？此时是女人）。他们似乎在一个池子里游泳。水包裹着他们的身体，他们不动也会半漂浮在上面，能够感觉到水的温柔，那么舒适。他们在聊天，边讨论着这个女子，不知道什么时候说到手机的事情（前几天姐夫捡了个手机）。清楚地记得其中一个男子说他这手机 2999 元。女子看了看，他们俩的手机一样，说：“以前我爸妈在世的时候，我那手机 1999 元，哦，不，是 999 元。”后来，这女子像个孩子般（感觉她此时就是个孩子）趴在其中一个温柔的男子身上（他漂浮在水中），似乎睡着了。而另一个男子靠近，他想要这个女孩，但又表示让她自愿……这时候的情节丢失了，最后的感觉是，这后一个男子有异常宽阔伟岸的胸襟（是一个特写镜头）。

上面就是梦女给我的信件的内容，下面我们就来分析这些梦境。

在这三个梦境中，第一个和第二个梦境相对简单，第三个梦境就有点儿复杂诡异了。下面我们依次来看。

为了对这个梦有一个更深的理解，我们首先来了解一下梦女的情感背景。

梦女曾经跟我聊到过她的女友。关于同性之间的情感以及她们之间的关系状态，有很多我都是从梦女处得来的。比如说我知道了两人之中，比较男性化的那个角色叫做T，而比较女性化的那个角色则叫做P，我也不知道为什么这么叫。据说T的来源有几种解释，有的说是根据扮演的角色的象形来的，也有的说是根据英文Tomboy（男子气的女人）的意思来的。

当然，关于女性同性情感的角色扮演，也有叫1和0或者叫6和9的，这些应该都是源于象形吧。还有一种角色叫做H，是比较中性的那种，似乎两边都可以，有点儿像同性恋中的双性恋角色。

当然对于这些分类有很多不同的看法，有些人认为这样的分类毫无意义；有些人甚至认为这种分类是男尊女卑思想的产物。

其中，梦女对我说过的一句话很经典。她说："我喜欢一个人时，从来不在乎他是男还是女。我爱的既非庸男，也非俗女，我爱的是那颗心。"

我觉得梦女的这句话道出了爱情的本质。爱情是两颗心灵的碰撞，跟肉体躯壳的构造无关，虽然爱情也需要肉体的参与。

这让我想到一个前段时间很流行的关于爱情的段子，跟梦女的说法有异曲同工之妙。这个关于爱情的段子是这样的：

看了《神雕侠侣》知道年龄不是问题；

看了《断背山》明白性别不是问题；

看了《金刚》发现物种也不是问题；

看了《人鬼情未了》才真正懂得连死活都不是问题。

言归正传，我们还是来说梦吧。

前一段时间，梦女与女友之间的感情遇到了一些问题，可能是源于梦女与女友的理念冲突。为了发展自己的事业，梦女离开了原来和女友待在一起的城市J城，回到北京。因为北京有更多的机会，梦女也希望在北京充充电，学到更多的东西。况且，姐姐在北京，住在姐姐家也方便些。

梦女当初离开J城的时候，还有另外一个原因，她觉得与女友芳芳的感情发展似乎遇到了一些瓶颈。她想让自己清醒一下，整理一下自己的思绪，看自己到底需要什么样的感情。因此，梦女告诉我，当初离开J城的时候，并没有对下一步的去向有任何计划，只是想跟着自己的感觉走，看能走到哪一步。

其实，在与芳芳发展感情的时候，梦女与前男友还是保持着联系的。前男友是梦女的第一个男人，无论是从心灵还是从肉体来说，都给梦女带来强烈的冲击，在梦女心中留下了不可磨灭的印记。

不过有意思的是，这种印记是在梦女与前男友分手之后，她才慢慢地感受到的。其实与前男友在一起的时候，梦女觉得自己似乎处于一种混沌的状态，不知道自己与前男友在一起时是怎样的状态。

说爱嘛，似乎感觉不到那种强烈的感觉；说不爱嘛，又能感觉到某种依恋。梦女是在大学二年级时与前男友发生恋情的，那时候她还不到20岁。前男友比她大，比她成熟，已经是职场中的人了。她似乎就像一个懵懂无知的小孩，在前男友的引领下，踉踉跄跄地在人生的道路上前行。

而且，前男友很关心她，也很呵护她，但是这让梦女似乎手足无措，很不适应这种关怀。因为梦女从小生活在一个离异的家庭，很少能感受到家庭的温暖。在成长的过程中，感觉自己像是一个多余的人，因为母亲和父亲都已重新组建了家庭。

这让梦女从小就形成了叛逆的性格，倔犟，不合作。对前男友的苦口婆心，梦女从来就听不进去，那个时候的梦女十分自我，沉浸在自己的世界中，固守自己20年来形成的观念，对这个世界的感知是麻木的，似乎这个世界跟自己毫无关系。

与前男友的分手也是遵循梦女“不勉强自己”的原则，她觉得他们之间的关系似乎已经走到了尽头，因为她不知道这是否真的是自己需要的爱，或者说，她根本不清楚自己需要的是什么样的爱。于是与前男友很平静地分手了。

分手之后，她与前男友还是保持着朋友的关系，前男友也仍然很关心她，只是在她的事情上不再以一个介入者的角色，而更多的是以一个朋友的身份来引导她，但更尊重她的意见。在她需要帮助的时候，无论是出钱还是出力，前男友仍然一如既往。

而这令梦女陡然生出很多感慨。过去前男友在自己心中，虽然对自己也很好，但是总觉得他是那种过于社会化的人，是那种特别在意利益得失的人。因为每次给她灌输的都是如何适应社会，如何在社会中立足，当时尚在学校里的梦女很难接受。梦女认为：我为什么一定要改变自己来适应社会？我为什么要做自己不愿意做的事情？我什么也不要，我只是活着不行吗？那些名利我不在乎，我可以完全不要，那就没有必要改变自己了吧。

但是，现在的梦女已经进入社会，她开始慢慢体会到前男友苦口婆心的好处，原来不仅仅关乎名利，原来在这个社会中要生存和立足也不是这么简单，原来自己不能一辈子靠妈妈，妈妈越来越年老，这个家最终需要自己来承担。

这个时候的梦女能够体会到前男友的一片苦心了，特别是在两人分手之后，她仍然能够深刻地感受到前男友对她的爱护，在她需要帮助的时候他从来都会伸手。这对梦女的冲击很大。

之前，她认为前男友对她好，只是为了得到她的身体，但是在她几次处于困境的时候，前男友都会在她还没有开口就主动帮助她，并且从来不要求回报。这让梦女非常感动，从而对前男友产生了一种新的情感。梦女相信前男友应该能够感受到自己的这种依恋，但是，他从来没有顺势而为，也从来没有向她提出任何要求。

特别是，在他知道梦女已经有了新的女友的时候，他既没有责怪她，也没有远离她，而是尊重她的选择，并且继续热心地支持她。这让梦女十分感动。因此，在与女友芳芳发生冲突的时候，梦女经常会不由自主地想到前男友。

梦女当然没有意识到这点。其实前男友才是横在她和女友芳芳之间的重要障碍，因为前男友成了她的心魔。梦女的内心世界已经悄悄起了变化，在她内心深处的潜意识，已经对前男友有了些许的期盼，她觉得自己越来越懂这个男人了，她发现了他更多的好，还发现了自己原来对他存在偏见和误解。

在这种情况下，梦女会经常跟女友芳芳产生一些冲突，虽然梦女认为芳芳其实对她也很好，很用心，但是不知道为什么，她总会无缘无故地心情烦闷，所以经常和芳芳会吵架。

直到有一次回到北京之后，梦女告诉前男友自己回北京了，并且准备去参加一个培训，以提高自己的专业能力。前男友约她见面，刚一见面就拿出一大叠钱来给她，说是给她的培训费用。

梦女很感动，自己还没有开口，前男友就这样。这已经不是钱的问题了，这表明了前男友对自己的那一份心。临走的时候，前男友送她到地铁口，她有点儿依依不舍，在地铁入口不愿意下去，并用期盼的眼光看着前男友。

任何男人应该都能看得出其中的暗示，然而，前男友只是拥抱了她，并且只是在她的额头上轻轻而深情地吻了一下，便毅然转身离开了。梦女站在地铁口，看着前男友离去的背影，久久不愿意离开……

当梦女告诉我这件事情的时候，我相信这件事情带给梦女的触动很大，她似乎对爱又有了更加深刻的理解，并且是一种升华式的提升——爱情已经不仅与性别无关，而且与身体也无关了。

好了，背景资料介绍到这里，我们可以进入正题了。

【第一个梦】

这个梦的背景，梦女在邮件中似乎已经告诉了我们："这个梦是我在晚上给芳芳打电话聊天后做的。我们在电话中聊了很久，澄清了彼此之间的一些误会，我觉得好像对我们之间的感情有了新的认识。"但是，事情是不是就是这样呢？其实并不是这样简单。梦女与女友芳芳感情问题得以解决的关键原因，不是她们之间的电话沟通，而是前男友的行为。因为前男友的行为彻底粉碎了梦女潜意识中的期盼和幻想，让她真正回到了现实之中，来正视她与女友芳芳的感情。

不仅如此，前男友的行为还给梦女带来了很大的冲击，让她对爱情有了更深的体会，从而变得更加成熟，进而产生态度上的转变，觉得应该珍惜与芳芳的这段情感，于是触发了她与芳芳的沟通，从而使她们冰释前嫌，感情得到进一步加强。

下面我们来详细地分析。

梦一开始是夏日里突然变天，开始电闪雷鸣。这是梦境制造的一种场景，为接下来的事件埋下伏笔。同时，这也表达了梦女内心的一种情绪状态，那就是感受到前男友的态度转变——已经物是人非了。前男友虽然仍然很关心自己，但是，他似乎并没有再回头的意愿了。

这对于梦女来说，是一个不小的打击。因为在梦女的潜意识中，对这段感情的继续是抱有幻想和期盼的。这次，前男友在地铁站离去时的背影，让梦女的潜意识感受到了这种幻想的彻底破灭。因此，在梦境中，就出现了"像是夏日的白天，突然变得阴暗，开始下雨，电闪雷鸣"的情景。

既然电闪雷鸣了，就一定有危险的，于是，“我抬头望去，高高的天空有不少的电线，感觉不对劲，赶紧挂了电话往回跑”，这是通过高空中的电线来加强这种危机感。

就在这个时候，梦女突然收到一条短信，梦女“心想在这么紧急的时候谁还给我发短信啊”。在这个心理活动中，我们看到的是一种责备，言下之意就是谁这么不识趣，在这么紧张慌乱的时候还来凑热闹。结果“原来是芳芳让我把电话关机”。这一段梦境很生动地将梦女与芳芳之间的误解和冲突表现得淋漓尽致。

本来梦女是带有责备的心理的，后来发现原来芳芳是为了自己好。这应该是她们之间冲突关系的写照。而这种领悟，同样得益于梦女前男友的态度和行为，让梦女重新反省自己与芳芳的这段感情。接下来的梦境将这种反思进一步深化。

“于是我立马关机，后来发现自己身上戴的一根银色项链导电。它本身颜色比较暗黑，但已经变亮了一大半，快到脖颈处了，真险，差点儿就被雷击。”这一段梦境再次强化了芳芳对自己的好，虽然有点儿矫枉过正的感觉，但这是人正常的心理状态。也是梦女在翻然醒悟的情况下发现芳芳的好。

接下来的梦境场景换了，变成了“妈妈为我剪头发”的场景。场景变了，但是主题并没有变，讲的仍然是梦女与芳芳的情感关系。因为这一剪头的场景蕴涵了深刻的寓意：剪不断，理还乱。“我说我就喜欢那样的短发”表明了梦女对芳芳态度的转变。只有将过去的抹去，才能投入新的情感和生活。

这就是第一个梦境表达的主题。

【第二个梦】

第二个梦境是梦女住在姐姐家中与姐姐的冲突所造成的压抑的释放。

梦女姐妹俩的感情其实很好，姐姐比梦女大很多岁，而且还是同父异母的姐姐。但是，姐姐却非常关心和疼爱梦女。姐姐因为出来闯荡得早，在北京安家了。当初梦女考大学，姐姐竭力让梦女考北京的大学，这样便于照顾她。

根据梦女平时与我的沟通，我觉得她与姐姐的冲突，源于下面几个方面。

第一是性格冲突——不是一类人，不进一家门。梦女和姐姐都是那种个性很强，也很倔犟和固执的人，因此免不了为了一些鸡毛蒜皮的小事发生冲突。

第二是代沟所造成的观念冲突。毕竟两人相差很多岁，在一些问题上，观点不同，会造成冲突。

第三是生活阶段关注点不同所造成的冲突。梦女刚刚大学毕业没有多久，在 JN 找了一份工作，刚开始去时就发现了问题，觉得很不理想。在坚持了大半年之后毅然辞职，回到北京，准备充电提升之后再找工作或者思考下一步行动。因此，梦女开始有一种焦虑感，觉得自己要学习的东西太多了。而这个阶段，正是姐姐生完小孩后不久。小孩还很小，需要照顾。而姐姐特别在意对小孩的照顾，在梦女看来，简直有点儿溺爱过度了。但是，姐姐并不觉得。为了小孩的事情，姐姐与姐夫也经常发生冲突。在梦女给我的邮件最后的结尾中我们也看到——“此刻，姐姐和姐夫又在吵架了，唉。”

不仅如此，为了小孩的事情，姐姐也会与梦女发生冲突。因为姐姐觉得梦女现在没有工作，住在她家里正好可以帮她照看一下小孩。而梦女呢，虽然现在没有工作，但是内心却很焦虑，想尽快充电提升自己。但姐姐经常会有一些小事情让她做，这样就会经常打乱梦女的思路。再加上对姐姐对小孩过于在意的态度不认同，所以也会积累一些情绪。

梦女曾经跟我讲过这些事情。而下面的第二个梦境正反映了梦女这种情绪的状态。下面我们来深入分析。

梦境的一开始便是梦女对自己所处环境的夸张描述，它是一个诡异、充满矛盾的地方。这种骚扰或者说烦扰，是一种不痛不痒的感觉，一种难以言说的苦闷。梦女用这样的一种环境渲染来表达自己目前住在姐姐家的感受。这种感觉令梦女难以忍受。

接下来的场景就具体地描述了这种困扰。

第一，“急于去上学，却有个人说让我帮她带点儿吃的，我让她写下来，自己忙着放东西。”这表明梦女自己有很多学习的任务，但姐姐总是要她做一些事情，打扰她。

第二，“咖啡从小杯倒入大杯，放进包。眼前有好多细细的围巾、针织品，黑色和不同深浅的蓝色。我挑选了一黑两蓝，她的字条还没写好。我很急，很烦躁。她终于写好了，我随意放在兜里，又收拾了零碎的东西。”姐姐啰啰唆唆，做的都是一些生活琐事，而且又很慢，还讲不清楚，老是变来变去，梦女觉得很烦躁。“咖啡从小杯倒入大杯”、“好多细细的围巾、针织品，黑色和不同深浅的蓝色”等均表达的是一种琐碎。围巾和针织品等还含有“剪不断，理还乱”的含义，因为都是毛线缠绕成的。

第三，“决定走时，为了确认她的纸条，又翻找了好半天，看见原来在右兜的那张纸条，上面写满了某个品牌的肉，还分了章节，没看仔细，又放了回去。”这一段更加深入地说明了这种状态，原来姐姐要自己办的都是一些无关紧要的琐事，连写一块肉还要求品牌，并且还要分章节！这充分表达了梦女对姐姐那种细致要求的反感。

第四，“快走时，在路上看见班上的一些人不紧不慢的。很奇怪，上课的时间快到了，他们怎么还那么悠闲。”这是梦女对姐姐的这种行为进行的一个小结——都什么时候了还要自己做这些鸡毛蒜皮的小事。因为梦女急于去培训学习，而姐姐经常会叫她去做一些琐事，这令梦女很焦虑。因此，这句话是责备姐姐的，意思是说，自己这么急了，她却还不紧不慢，优哉游哉。

梦境的最后，梦女再次带我们来到一个类似于游乐场的地方。这个场景说明了这件事应该还是与姐姐对待小孩的态度有关。这个游乐场是一个充满矛盾的地方——“白雪的世界原来是人造的”。进去一看，“很粗糙，本来应该是亮亮的雪白，踩上去，却是像泡沫般的，黑黑的”。这是梦女眼中的现实生活，充满着虚幻和矛盾。

而且这里面应该同样暗含了对姐姐的批判。我觉得是对姐姐虚荣心的批判。也就是说，姐姐应该尊重现实，没有必要为了小孩去做自己本身的财力和能力达不到的事情，这样造成的结果反而是粗糙的和虚伪的，姐姐完全没有必要这样做。而是应该顺其自然，用一种坦然和真实的心理状态去面对。

但是，梦女也知道自己没有办法改变现状。因为梦女曾经跟我说过，姐姐在对待小孩这件事情上似乎已经有点儿过头了，连一点点的疏忽都不允许存在。因此，在梦境的最后反映了梦女对待这件事情的态度——“当我们往里走时，我回过头对经理说这里真差劲。经理有点儿急，我说别急，我只是向你们反映一下。”

在这里，梦女的意思就是——我也没有办法，我只是尽自己的力量给你指出来问题所在，但是，能不能改变，我却无能为力。

这就是第二个梦境所要表达的主题——姐妹之间的冲突。

【第三个梦】

这个梦是一个复杂诡秘的梦，涉及的内容很多，而且扑朔迷离。但是，在对梦女情感背景资料有了了解之后，这个梦也是可以解出来的。下面我们来看这个梦：

总是不知从什么时候开始，闭上眼回忆场面和感觉，这也许是个判官的世界，并非皆正义，因为判官也是人，也会犯法。

一幕场景是判官们聚会，为了正法驱魔（听他们议论）。我站在门口，看到里面判官们在热烈地喝着酒，讨论着，似乎最近妖魔当道，但已经加大力度整顿。当我一边听一边向前看时，一些似人非人的轿夫抬着一顶华丽的轿子从远处而来，轿子口亮着星星点点的灯，而我分不清他的正邪，只知道是一位重要人物。

（场景转换）几个判官似乎要整顿内部的混乱，突然，一个判官站出来说："你们看！"只见他抬起右手，用食指、无名指直指太阳穴，第三只眼用力圆瞪，望向旁边的池子，只见一道光射过去。他继续发力将池子里的影像引入到判官们围聚的地上。他们神色严肃地看着，而我似乎无法靠近，看不到影像。

当我想着怎么办时，池子里映出了影像，原来是他们的一个同僚正在迫害一个女子，想强奸她。那个人正用双手掐住她的脖子，右手在上，左手在下，并用力拉她的脖子。不像一般掐死人那样双手用力，更像是把她的脖子拉长了，并企图先奸后杀。

那个女子处于半挣扎半昏迷状态。由于她生命的损耗，偶尔会现出原形——鱼的尾巴。我当时在想，变成了鱼尾，还怎么强奸呢？其间一边看着判官试图强奸，一边又有身临其境的感觉——似乎自己是那个正在实施强奸的判官，又似乎是那个正在被强奸的那个女子！

那女子一会儿显现鱼尾，一会儿又恢复人形，但是最终那判官似乎没有成功，因为那女子变成了一朵白色的花。

（场景又一转）这朵花在一个池塘里，有一个小男孩进来捞鱼，它又变成了女人，但是似乎已经忘却了之前的所有事情，她像是从一开始就是在那里的一样。她帮助小孩捞鱼。这时候好像有一道诡异的视线一直紧紧地盯着她的举动，一个特写镜头是女人抓鱼的手，以为又是那判官盯住了她，回过头一看，那视线从饥渴变为慈祥，原来是男孩的奶奶。

（场景再次转换）从那个池子里出来的胖嘟嘟的孩子（性别不清楚），全裸着从一个高高的台阶上爬下，感觉这孩子是一个惯偷，他准备混进这堆分发食物的人群当中，偷点儿东西，于是直接挤了过去。他混进去后，拿了些肉。

似乎有人同情他，让他冒充他们中的一分子在监管那里去领食物。他小心翼翼地过去在本子上写下了一个“萨”字。我知道他把“萨”字故意写错了，怕到时候监管找他。监管神色严肃地看了看，也许是思考到底有没有这个人，但最后还是分发了食物。

（场景最后再次转换）是两个男人和刚才那个人（小偷？此时是女人）。他们似乎在一个池子里游泳，水包裹着他们的身体，不动也会半漂浮在上面，能够感觉到水的温柔，那么舒适。他们在聊天，边讨论着这个女子，不知道什么时候说到手机的事情（前几天姐夫捡了个手机）。清楚地记得其中一个男子说他这手机 2999 元。女子看了看，他们俩的手机一样，说：“以前我爸妈在世的时候，我那手机 1999 元，哦，不，是 999 元。”后来，这女子像个孩子般(感觉她此时就是个孩子)趴在其中一个温柔的男子身上(他漂浮在水中)，似乎睡着了。而另一个男子靠近，他想要这个女孩，但又表示让她自愿……这时候的情节丢失了，最后的感觉是，这后一个男子有异常宽阔伟岸的胸襟（是一个特写镜头）。

这个梦较长，我们分段来分析。

梦境的第一段是这样的：

“总是不知从什么时候开始，闭上眼回忆场面和感觉，这也许是个判官的世界，并非皆正义，因为判官也是人，也会犯法。”

这段梦境含有两层含义。一层含义是针对这个社会的。作为初入社会的梦女，总是觉得这个社会是那么的奇怪，自己原来建立起来的是非观念似乎都被这个社会所瓦解和崩溃，这是一个自己无法把控的世界。每个人都似乎是这个世界中的一个小人物，被这个世界所控制和带领着走。

另一层含义是针对前男友的。因为前男友是社会中人，而且属于那种在社会中混得很好的人，是那种很强势的人。因此，前男友在梦女的心目中就如同掌握着自己生杀大权的判官一样。我们知道，在此以前，梦女对前男友是有某种偏见和误解的。在与前男友分手之后，在感受到前男友对她仍然十分关心的情况下，梦女才对前男友改变了看法。而这，正与梦境的情节相吻合。因为梦女为前男友进行了开脱——“因为判官也是人，也会犯法”。这句话的意思是，前男友以前可能也会有错误，但是，他也是人，有错误很正常。这是基于对前男友看法改变之后的感悟。

下面我们看第二段梦境：

“一幕场景是判官们聚会，为了正法驱魔（听他们议论）。我站在门口，看到里面判官们在热烈地喝酒讨论着，似乎最近妖魔当道，但已经加大力度整顿。当我一边听一边向前看时，一些似人非人的轿夫抬着一顶华丽的轿子从远处而来，轿子口亮着星星点点的灯，而我分不清他的正邪，只知道是一位重要人物。”

这一段梦境再次将前男友进行了神化，是一个降魔伏虎，但是又坐着华丽轿子的人。由于前男友对梦女的多次帮助，因此梦女将前男友当成了自己生命中的贵人。虽然她也知道前男友并非善类——一个在社会中混得开的人一定有其凶狠的一面，我相信这一面梦女应该也是有所体会的。但是，在对待自己的问题上，前男友却表现得非常的不一般，而且超出了梦女原来对他的认识——一个势利的人。

这样的男人其实是很有人格魅力的。因此我们看到，在这个梦境中，梦女将前男友进一步神化，不仅将他比成判官，而且还比成判官中的判官——一个更重要的人物——虽然分不清他的正邪。

接下来是第三段梦境：

“场景转换，几个判官似乎要整顿内部的混乱，一个判官站出来说：‘你们看！’只见他抬起右手，用食指、无名指直指太阳穴，第三眼用力圆瞪，望向旁边的池子，只见一道光射过去。他继续发力将池子里的影像引入到判官们围聚的地上。他们神色严肃地看着，而我似乎无法靠近，看不到影像。”

人为什么会这样？一个男人为什么可以亦正亦邪？这些都挑战梦女从小到大形成的价值观。原来的梦女认为人要么是好人，要么是坏人，为什么在这个男人身上竟然存在着如此大的反差？就像那些凶神恶煞般的判官一样——如果不是这样，他们又怎么能够降魔伏妖呢？但是，如果他们没有善良的一面，又如何能为人们主持正义呢？所以，我认为，在梦境中梦女将前男友比喻成判官真的是很贴切，将一个亦正亦邪的男人表现得活灵活现。

下面我们来看第四段梦境：

“当我想着怎么办时，池子里映出了影像，原来是他们的一个同僚正在迫害一个女子，想强奸她。那个人正用双手掐住她的脖子，右手在上，左手在下，并用力拉她的脖子。不像一般掐死人那样双手用力，更像是把她的脖子拉长了，并企图先奸后杀。”

这一段梦境在这里显得很突兀，为什么会突然出现一个强奸的镜头，而且实施强奸者竟然是一个判官。难道梦女的前男友……

梦女说，前男友虽然强悍但是却很温柔，不会这样对待她，她相信他也不会这样对待别人。这就奇怪了，为什么会出现这样的梦境呢？

最后，我还是在梦境中找到了答案。线索就在这里——“不像一般掐死人那样双手用力，更像是把她的脖子拉长了，并企图先奸后杀。”我们看到，把脖子拉长了是因为什么呢？我们知道，在等人的时候最容易出现这样的情况——在我们望眼欲穿的时候，我们最容易把脖子拉长，所谓把脖子拉长了等人。而这正是梦女对待前男友时的一种心态。

在梦女对前男友还存有幻想和期盼的时候，就是一种把脖子拉长的状态，只不过这种状态，不是一种表象，而是一种内心深处的潜意识。梦境也将造成这种状态的原因说得很清楚了——是判官造成的。判官即前男友。在当时的状态下，梦女难以忍受这种状态，所以对这种状态有“先奸后杀”的判断。

接下来的第五段梦境就更有意思了：

“那个女子处于半挣扎半昏迷状态。由于她生命的损耗，偶尔会现出原形——鱼的尾巴。我当时在想，变成了鱼尾，还怎么强奸呢？其间一边看着判官试图强奸，一边又有身临其境的感觉——似乎自己是那个正在实施强奸的判官，又似乎是那个正在被强奸的女子！”

这一段有点儿意思，有一点儿引诱和调戏的感觉在里面。虽然在梦境中对出现这种状况的原因进行了说明——“由于她生命的损耗”，但是，这些都是借口，因为变成鱼尾就是为了让强奸不能实施。

问题是，如果只是这个目的，其实是很容易的，但是，为什么鱼尾和人身是交替出现的呢？这不是一种引诱和调戏又是什么呢？而且，在梦境中，梦女自己也点出了这一状态的真实本质——“其间一边看着判官试图强奸，一边又有身临其境的感觉——似乎自己是那个正在实施强奸的判官，又似乎是那个正在被强奸的女子！”

这反映了梦女内心摇摆不定的双重心理状态：一方面渴望得到前男友的重新宠爱，另一方面又由于自己目前已经有了女友芳芳这一事实而对此犹豫不决。这种犹豫，不仅反映的是一种对情感把握的不确定性，还包括对异性恋与同性恋的不确定性。因为人、鱼之间的变化完全是两个物种之间的变换，也就意味着两性之间的变换。

其实，梦女内心充满着矛盾和冲突，不知道这段感情应该走向何方。一方面渴望前男友的回头，因此在梦境中就出现被判官强奸的情境，这是梦女内心的渴望——前男友让她拉长了脖子。另一方面，她又对自己的性取向无法确定，不知道自己到底是异性恋，还是同性恋，既对前男友充满着渴望，但同时又存在着犹豫。这是一种身心分离的状态。

从心灵的角度来说，我觉得梦女只管自己是不是爱对方，而不管对方是男是女。从这一点上来看，我觉得梦女是爱着前男友的。即使梦女宣称自己的爱没有性别，但身体其实不是由心灵主宰的，身体有身体的需求。从这一个角度我们可以说，从梦境来看，梦女更加倾向于同性之恋。

梦女曾经告诉过我，对与前男友之间的性爱，从来没有渴望，只有接受。虽然也能感觉到一种快感，但是似乎从来没有达到过高潮。而自从跟女友芳芳在一起之后，竟然可以在这种同性的性爱之中享受到高潮——这是一种从未体验过的感觉。

从这一事实我们可以肯定，这一段梦境正表达了梦女身心分离的状态，对前男友，心灵上亲近，身体上拒绝。

下面我们来看第六段梦境：

“那女子一会儿显现鱼尾，一会儿又恢复人形，但是最终那判官似乎没有成功，因为那女子变成了一朵白色的花。”

这一段梦境表达的是一种爱的升华，是梦女清楚地知道前男友对她的爱之后的感触。其实不是那个判官没有成功，而是梦女开始对自己的爱有了把控，并且将这种爱进行了升华。所以，她“变成了一朵白色的花”。我们知道，白色代表着圣洁，代表着没有任何私心杂念。而这，正代表了梦女在爱情方面得到升华之后的心灵状态——前男友用实际行动教会了她什么是爱以及如何珍惜爱。

在这种爱情升华的心理状态下，梦境就发生了相应的变化。再看第七段梦境：

“场景又一转，这朵花在一个池塘里，有一个小男孩进来捞鱼，它又变成了女人，但是似乎已经忘却了之前的所有事情，她像是从一开始就是在那里的一样。她在帮助小孩捞鱼。这时候好像有一道诡异的视线一直紧紧地盯着她的举动，一个特写镜头是女人抓鱼的手，以为又是那判官盯住了她，回过头一看，那视线从饥渴变为慈祥，原来是男孩的奶奶。”

这一段是梦女爱情观升华之后的真实写照。圣洁的白花又变回了一个女人，这似乎是一种涅槃之后的重生，因为她“似乎已经忘却了之前的所有事情，她像是从一开始就是在那里的一样”。然后，“她帮助小孩捞鱼”，整个就是一幅祥和安静的画面，是一种升华后的心性空灵的状态。

就在这样的状态中，梦女还是在头脑中闪过了自己达到这种状态的历程——“这时候好像有一道诡异的视线一直紧紧地盯着她的举动，一个特写镜头是女人抓鱼的手，以为又是那判官盯住了她，回过头一看，那视线从饥渴变为慈祥，原来是男孩的奶奶。”这一段梦境表达的是梦女对前男友的看法和态度改变的过程，从“以小人之心，度君子之腹”到发现原来前男友并不是想打自己的主意，而是一种真正的爱，一种如同慈母般的真正的关怀。因此，梦境中的目光就由饥渴变成了慈祥。

而第八段梦境则是爱情观升华之后的自我反省。

“场景再次转换，从那个池子里出来的胖嘟嘟的孩子（性别不清楚），全裸着从一个高高的台阶上爬下，感觉这孩子是一个惯偷，他准备混进这堆分发食物的人群当中，偷点儿东西，于是直接挤了过去。他混进去后，拿了些肉。”这是梦女对自己的深刻反省和自我认定。她认为自己一无所有——全身赤裸；在性取向上也无法确定——性别不清楚；现在又没有工作——浑水摸鱼偷东西吃。

这种自我认定当然是不正确的，而且对梦女的自尊也是有影响的。但是，也只有自尊心极强的人才会有这样深刻的反省。这种深刻反省，对自我是一种打击，但也是一种动力，这就要看当事人的承受力和行动力了。

第九段梦境就将梦女的这种心理状况明示出来了：

“似乎有人同情他，让他冒充他们的一分子在监管那里去领食物。他小心翼翼地过去，在本子上写下一个‘萨’字。我知道他把‘萨’字故意写错了，怕到时候监管找他。监管神色严肃地看了看，也许是思考到底有没有这个人，但最后还是分发了食物。”

在这里，“萨”就是梦女的名字，虽然她用了一个“他”字来代表这个小孩，但是，梦境表达的就是躲躲闪闪的心灵。如同梦境中故意把“萨”字写错一样，在梦境中同样用“他”字代替了“她”，这是一种自我无意识的防御机制。虽然内心能够认识到这种状态的本质，但是，每个人都是有自尊的，每个人都不愿意把自己内心深处见不得人的思想暴露出来。因此，在梦境中，第一，分不出这个小孩的性别；第二，“萨”字写错了，并不是一个真正的“萨”字，只是看起来像这个字而已——这就相当于给梦女的自尊留有余地了。

虽然我们看到这有点儿掩耳盗铃的意味，但是，对于潜意识来说，这就是一种最好的掩饰。这种掩饰，也让我们看到梦女在接受前男友资助的时候，自尊心是受到挑战的。她的潜意识当然希望得到前男友的资助，因为她目前确实需要资助——她失业在家，又需要学习充电。但是，由于她的自尊心极强，她不愿意让前男友觉得自己是在接受乞讨，也不愿意前男友以施舍者的身份出现。所以，在梦境中，她躲避监管，害怕监管看出真相。通过这我们可以推断出，梦女一定会在前男友面前装出满不在乎的样子，装出自己不是接受施舍，而是因为暂时窘况或者由于工作需要才接受资助。她当然也知道自己的这种伪装是十分蹩脚的，但是即使蹩脚，她也不愿意被前男友看穿。

这是对的，因为自尊是人最后的一道防线。不仅如此，为了维护自己的自尊，梦女在梦境中还将自己扮演成了一个小孩，这意味着，梦女在内心给自己解释的理由是：我还小，我还没有完全长大，所以接受资助也是情有可原的。

最后一段梦境：

“场景最后再次转换，是两个男人和刚才那个人（小偷？此时是女人）。他们似乎在一个池子里游泳，水包裹着他们的身体，他们不动也会半漂浮在上面，能够感觉到水的温柔，那么舒适。他们在聊天，讨论着这个女子，不知道什么时候说到手机的事情（前几天姐夫捡了个手机）。清楚地记得其中一个男子说他这手机 2999 元。女子看了看，他们俩的手机一样，说：‘以前我爸妈在世的时候，我那手机 1999 元，哦，不，是 999 元。’后来，这女子像个孩子般（感觉她此时就是个孩子）趴在其中一个温柔的男子身上（他漂浮在水中），似乎睡着了。而另一个男子靠近，他想要这个女孩，但又表示让她自愿……这时候的情节丢失了。最后的感觉是，这后一个男子有着异常宽阔伟岸的胸襟（是一个特写镜头）。”

这一段挺有意思的，梦境的一开始梦女就露出了马脚，因为暴露了那个小偷、小孩的身份——原来是一个女人——而这个女人，正是梦女自己。接下来的一段描述他们在水中，水很温柔、舒适。这一段描述的是梦女目前的状态，享受被关怀的安全感和幸福感。因为有两个“男人”关怀着她，让她“不动也会半漂浮在上面”。

接下来的梦境谈到手机，这其实只是一个具体事件的插曲，但是，这件小事情其实也是说明大问题的。我们看到，“前几天姐夫捡了个手机”，按道理这件事情并不会给梦女带来什么刺激，为什么会带到梦里来呢？梦女告诉我，前男友送过一个手机给她。答案就找到了——因为姐夫捡了一个手机导致梦女联想到前男友曾经送给自己一个手机。而在梦女正处于情感升华的阶段，这一事件再次让梦女感受到了前男友对自己的爱。这一触动，就进入到梦境之中。特别有意思的是，她对前男友的情感确实得到了升华，因为在梦境中说的是“以前我爸妈在世的时候”，将前男友对自己的爱升华成为仁慈的母爱或者父爱，被关怀的幸福感和自豪感跃然纸上。

接下来一段梦境是梦女在这种幸福感的包裹下，觉得自己就像一个孩子一样被呵护着。现在有女友芳芳的关怀和呵护——“后来，这女子像个孩子般（感觉她此时就是个孩子）趴在其中一个温柔的男子身上（他漂浮在水中），似乎睡着了。”

不仅如此，还有前男友的关怀和呵护——“另一男子靠近，他想要这个女孩，但又表示让她自愿……这时候的情节丢失了。”为什么这时候的情节丢失了？这同样是心理防御机制在起作用，是一种选择性遗忘，因为在这件事情上，梦女自己的臆想远远超越了现实。梦女希望前男友仍然对她情有独钟，仍然渴望回到他的身边。但是，前男友的表现又是那么的理智，对她又是那么的宽容，这就让梦女理解成是他对她的尊重。

对于梦女来说，如果选择同性恋，现在就有深爱着自己的女友芳芳（我相信这基于梦女在那天晚上与芳芳电话长谈之后的感触）；如果选择异性恋，又有前男友在那里等着她，似乎只要她回心转意他就会用宽阔的胸膛接纳她。这一段表达梦女这样一种复杂的心理状态。

最后一段梦境，则是对前男友爱情的升华，并用了一个特写镜头表达出来了——“最后的感觉是另一个男子有着异常宽阔伟岸的胸襟（是一个特写镜头）。”这是对前男友无私地爱自己、接纳自己的性取向和无私地援助自己的深深的感慨。

这个梦到此就结束了。

然而，这个故事似乎并没有结束。我们期待梦女能够在自己选择的道路上勇往直前，无论她最终作出的是一种什么样的选择，都希望她能够发现自己内心真实的需求，找到真正令自己内心得到宁静的幸福。

9. 众人皆醉我独醒——婚姻不是一种爱情的交易

一转眼，“剩女”问题已经成为一个社会问题，这么多的优秀女孩竟然被“剩”了下来，原因何在？是她们不够优秀吗，抑或是她们过于优秀？或者我们应该从深层次的潜意识心理上去找原因——人们恐惧婚姻，可能并不是害怕失去爱情，而是害怕失去自我。

爱情从本质上来说，其实并不是一次情感的选择，而是一种生活方式的选择——对自我生活方式的取舍。

我的一位学生，对解梦有一定的理解，并且也经常尝试着给周围的朋友和同事解梦。一次，她的一位同事做了一个复杂而又奇怪的梦，这可难倒了我的这位学生，于是她向我求助。

她的那位同事在参加了一个同学的婚礼之后，做了一个奇特的梦。下面就是她的梦境：

我梦到自己在马来西亚的一个岛上住着。有一天坐船去了新加坡，身上没什么钱。早上起来我走进大堂，头发有点儿乱，衣服穿得也有点儿寒酸。这时，我看到万梓良穿着一身黑色的西装，手上拿着一些公文夹，朝我面对面地走来。我下意识地躲开他，往人多的地方走。这时，突然听到前台的小姐叫他什么先生，说他订的两间房中有一个今天结账，让他签字，另一间房的房价是 599 新币。前台报的房号是我的房号，我想，我以前虽然有恩于万梓良，但是他也不至于这样慷慨地回报我。所以，我觉得我再住在那里不合适了，于是就想到要换个便宜的地方住。

我坐电梯到了楼下，准备去看房。发现走道上全是护理人员和老人。推开一间房门一看，里面全部是通铺，一张张床连着摆，一点儿缝隙都没有。我吓跑了，心想这里再便宜我也不住。

然后我突然走到一个什么海鲜市场，看到欧弟穿得像个打工的。我就问他怎么穿成这样，以前不是大老板吗？他说没什么，他喜欢这样。还问我在干什么，我说我在找房子，他说你现在住得不是很好吗？有什么不满意的？这时候，在梦境中觉得他和万梓良好像是同一个人。

后来，我跟两个朋友在一起往外面走，好像我们要一起去哪里。其中一个朋友跟我关系不怎么样，她是跟公司的人一起出差，说她住的房间一晚上 559 新币。另一个朋友跟我关系不错，她说她公司在宜兰这边有一套房子，只要坐几站路就可以到了。我说那我退了房就去找她。

说着我们好像到了什么庙附近，没进庙，就在路旁的一个门店外站着，看到高矮不一的穿僧侣衣服的几个人走了出来。其中有一个矮得好像只到我膝盖，长得也很奇怪。

一起走出来的还有一男一女，身着现代装，跟我们穿得一样，他们好像是在送客人。我们进了他们的门店，从门口到主人坐的位置，放了高高矮矮的一些凳子，像摆了个小浮桥一样。我走到最后一个凳子面前，就跪在上面了，那个跟我关系不好的朋友跪在我旁边。这时，那个男的被女的叫了出去，我也被另一个朋友叫了出去。等我再进来的时候，发现那个男的在跟我关系不好的那个朋友在说些什么。我走过去一看，就说他是算命的，在骗人，让他把钱还给我们。

我拉那个跪着的朋友，她起不来，膝盖好像被作了什么法，烧过一样。我问我朋友给了多少钱，她说 10 新币，我让那男的把钱还给我们，他随手给了我一张。我说不是新币我不要。然后，那个女的就督促那个男的把钱给我，说免得事情闹大了庙里不让他们开店。于是我趁机把男的手上的钱都抢了过来，然后想找到10元一张的新币。结果我正在找，就被那对男女给推倒了，后面就记不太清了。

这个梦有意思吧，似乎杂乱无章。

在解这个梦之前，首先有必要交代一下梦女的背景。但是由于我并不认识这位梦女，因此，只能从我的学生口中大抵知道一点儿背景资料。

这是个“奔三”的80后女孩。在国外读过几年书，最近才回国，在一家公司做文员。感情史不详，只知道目前仍然单身一人，无男友。

在做完这个梦之后，我曾经通过我的学生向这位梦女提出过很多问题，希望她自己能够对这个梦境作出解释。但是，无论我向哪个方向提问，都遇到了强烈的阻抗。也就是说，这位梦女不能提供任何有价值的信息，这给解这个梦增加了很大的难度。

然而，我的学生提供了一个有用的信息，我感觉它是促成这个梦境的原因。在婚礼中，梦女负责帮忙录像，负责将整个婚礼过程录下来。

对于一个仍然单身的“奔三”的80后，你可以想象，面对同学的婚礼（根据我的判断，在梦女看来，这个同学应该还没有自己漂亮和优秀），她用自己的眼睛捕捉了婚礼的每一个细节，包括在场的每一个人的表情以及表情所透露出来的内心深处的真实思想。

想想看，她对婚礼场面该有多么大的感触啊。

我估计，这个梦，就是在这种感触下激发的。

用录像机录下了婚礼的整个过程，相当于看了一场活生生的生活剧。婚礼中还有一个重要的细节，就是梦女还抱了其中一个同学8个月大的儿子，在酒店门口，她还听到了新郎新娘商量去哪儿度蜜月的谈话，不过他们并没有提到新加坡和马来西亚（这两个地方是梦女以前去过的）。

这些情节已经足够让梦女内心翻江倒海了。下面我们就来看看，在受到这一系列事件的刺激下，梦女内心深处的想法。

梦境一开始，梦女梦到自己在马来西亚的一个岛上住着，有一天坐船去了新加坡。梦境的开始，源于在婚礼上听到新郎新娘商量度蜜月的谈话。虽然新郎新娘并没有提到马来西亚和新加坡，但是，由于梦女以前去过这两个地方，于是从潜意识中将这两个地方唤醒，就形成了从马来西亚到新加坡去的梦境。

接下来的一句话是整个梦境的关键——“身上没什么钱”。为什么说这句话是整个梦境的关键呢？因为这句话将梦女的心境表现得一览无遗——这是一种自怜的心态。“身上没什么钱”表达的不单是贫困，更是一种窘迫状态，一种一无所有的感觉，特别是在情感上的。

为什么这么说？我们继续看下面的梦境。

“早上起来，我走进酒店的大堂，头发有点儿乱，衣服穿得也有点儿寒酸。”表达的正是这样一种窘迫的状态。“这时，我看到万梓良穿着一身黑色的西装，手上拿着一些公文夹，朝我面对面地走来。我下意识地躲开他，往人多的地方走。”为什么会梦到万梓良，为什么会躲避他。梦女强调几乎没有看过万梓良的影片，万梓良也不是她的偶像，对他不是很了解，只大概知道他跟恬妞的婚姻情况。

大家知道，恬妞是带着女儿嫁给万梓良的，这对于一个女人来说，简直就是美梦成真。但是，后来他们离婚了，说明这样的施舍是没有好下场的。在梦境中，万梓良“穿着一身黑色的西装，手上拿着一些公文夹”，传达了万梓良的体面和白马王子形象。

那么，梦女为什么要躲他呢？因为她不需要这样的怜悯。我认为，梦女应该经历过一段复杂或者刻骨铭心的感情，这段感情可能带给她很大的伤害，让她对自己失去了信心，从而产生了一种自卑和自怜的心态。

接下来的梦境挺有意思，表达了梦女“宁为玉碎，不为瓦全”的爱情观——“这时，突然听到前台的小姐叫他什么先生，说他订的两间房中有一间今天结账，让他签字，另一间房间的房价是599新币。前台报的房号是我的房号，我想，我以前虽然有恩于万梓良，但是他也不至于这样慷慨地回报我。所以我觉得我再住在那里不合适了，于是就想到要换个便宜的地方住。”

在梦女看来，爱情不是同情，也不是觉得亏欠还人情。婚姻同样如此，不能出于同情。我觉得这样的感触一定是梦女因婚礼上的所见所闻而产生的感叹。梦女不愿意屈服于这种状态，希望通过自己的努力获得所需的东西。

这是梦女内心深处的真实想法。然而，高傲的想法在现实面前往往要碰壁——这就是痛苦的根源。接下来的梦境就说明了这一点——“于是我坐电梯到了楼下，准备去看房。发现走道上全是护理人员和老人。推开一间房门一看，里面全部是通铺，一张张床连着摆，一点儿缝隙都没有。我吓跑了，心想这里再便宜我也不住。”

人就是这样的——高不成，低不就。在这里，我们看到了梦女面临的困境——可能有人喜欢她，而且条件也很好，但不是她所爱的，或者说不是出于爱本身。然而，如果要梦女去下嫁一个她即使很爱但一无所有的人，梦女也接受不了——因为这会让她没有安全感。

面对这种两难的境地怎么办？梦女只有一个选择——那就是释怀。接下来的梦境就表达了梦女释怀的心理——“然后我突然走到一个什么海鲜市场，看到欧弟穿得像个打工的。我就问他怎么穿成这样，以前不是大老板吗？他说没什么，他喜欢这样。”

海鲜市场代表的是一种上层生活，但是，在这种上层生活中，本来有钱的欧弟却穿得像个打工仔一样，这就是梦女内心的释怀。她告诉自己，其实有钱的人有时候也会活得像普通人一样。所以只要自己喜欢，什么样的生活都是可以的。

接下来，欧弟“还问我在干什么，我说我在找房子，他说你现在住得不是很好吗，有什么不满意的？这时候在梦境中觉得他和万梓良好像是同一个人”。在这里，找房子即是找归宿，找婚姻中的另一半。欧弟的反问其实是梦女自己的反问，她本来已经有一个爱自己的人了，为什么还有不满意的？但是，梦女在梦境中已经回答了这个问题——“这时候，在梦境中觉得他和万梓良好像是同一个人。”这句话的意思就是，你以为我是那种接受施舍的人啊，那样的后果一定是不好的。

接下来的梦境表达了在梦女周围的女友们对待爱情和婚姻的不同看法。一种是虚荣型，希望找到令姐妹们羡慕的归宿，可能看重的是经济条件。但是，这不是梦女的价值观所认同的，所以在梦境中这个人是与梦女关系不好的那位——“其中一个朋友跟我关系不怎么样，她是跟公司的人一起出差，说她住的房子一晚上 559 新币。”

而另一种呢，是实惠型，希望找到与自己相亲相爱的人，条件差一点儿不怕，只要有基本的生活保障。这是与梦女价值观一致的，所以在梦境中这个朋友跟她关系不错——“她说她公司在宜兰这边有一套房子，只要坐几站路就可以到了。我说那我退了房就去找她。”

只是在这个梦境中，有一个很特别的数字出现了好几次，但是我无法作出更加精细的解释，那就是房价 559 新币。我想可能与梦女生活中某个经历有关，比如说这次结婚她送的礼金数，或者是别人送的礼金数。具体情况不得而知，我想梦女如果认真回忆的话，是可以找出这个数目的渊源的。

如果说前面的梦境都是梦女的思想斗争的话，接下来的梦境就涉及问题的实质了，应该是梦女面对婚礼众生相的内心白描。

这时候梦境一转，出现了一个庙。但是，庙又像一个商店，从里面走出来穿僧侣服装的人，都很丑陋——“说着我们好像到了什么庙附近，没进庙，就在路旁的一个门店外站着，看到高矮不一的穿僧侣衣服的几个人走了出来。其中有一个矮得好像只到我膝盖，长得也很奇怪。”

在这里，庙就如同婚姻，进去了就如同苦行僧，是没有生机的，因此，在梦女眼中，这里面的人都长得很奇怪和丑陋。同时，庙又像是一个商店，这同样表达了梦女对婚姻的看法：婚姻似乎是一种交易，一种金钱与身体的交易，或者，一种虚荣与爱情的交易。

这个梦境，充分表达了梦女对婚姻的恐惧心态，以及对婚姻生活的可怕联想——这是她的触景生情啊。

当然也有表面上看上去堂堂皇皇的——“一起走出来的还有一男一女，身着现代装，跟我们穿得一样，他们好像是在送客人。”但是，实际情况是怎样的呢?

“我们进了他们的门店，从门口到主人坐的位置，放了高高矮矮的一些凳子，像摆了个小浮桥一样。我走到最后一个凳子面前，就跪在上面了，那个跟我关系不好的朋友跪在我旁边。这时，那个男的被女的叫了出去，我也被另一个朋友叫了出去。等我再进来的时候，发现那个男的在跟我关系不好的那个朋友在说些什么。我走过去一看，就说他是算命的，在骗人，让他把钱还给我们。”原来婚姻是这样的——首先像一个浮桥，根本是不牢固的，而且每走错一步都有可能掉下去。当我们对婚姻顶礼膜拜的时候，没有看透，它不过只是一个骗局——不仅骗色，而且骗钱。

梦女似乎识破了这一切，想要拯救对婚姻走火入魔的朋友。然而，周围的人就像中了魔一样，让梦女有一种“众人皆醉我独醒”的感叹——“我拉那个跪着的朋友，她起不来，膝盖好像被作了什么法，烧过一样。”

对于梦女来说，婚姻就是“赔了夫人又折兵”“肉包子打狗有去无回”“覆水难收”。梦境中，朋友的钱似乎是找不回来了——“我问我朋友给了多少钱，她说 10 新币，我让那男的把钱还给我们，他随手给了我一张。我说不是新币我不要。”

这让梦女感到强烈的焦虑——她害怕失去现在的这种生活——“然后，那个女的就督促那个男的把钱给我，说免得事情闹大了庙里不让他们开店。于是，我趁机把男的手上的钱都抢了过来，然后想找到 10 元一张的新币，结果我正在找，就被那对男女给推倒了。”

这表达的是一种焦虑。这种焦虑，就是梦女对婚姻的焦虑——她对婚后的生活没有把握，不知道自己能否适应婚姻生活，不知道过去那种自由自在的生活还会不会继续。

“事情闹大了庙里不让他们开店”不仅暗喻婚姻如同“挂羊头卖狗肉”，有名无实，而且还传递出对婚后夫妻之间会有经济纠纷的恐惧。也就是说，当遇到经济问题时，婚姻这个“庙”或者这个搭伙过日子的“店”是很脆弱的，是随时都会倒塌的。

我想，这就是梦女的梦境想要表达的主题。

【后记】

这个梦解完以后，我又重新对这个梦境全面分析了一遍，觉得自己的理解应该是正确的。但是，最好的解梦应该是得到做梦者首肯的（在某种情况下，做梦者强烈的否定也是一种肯定）。于是，我将这篇解梦文章发给了我的学生，请她将文章转给梦女看，看看这位梦女有什么反应，以此来判断这个解梦是否准确。

过了几天，我的学生发短信给我，短信内容如下：

这是我那个做梦的朋友的回复（她以为是我解的梦）：《众人皆醉我独醒》，我看完了！我想，我在你面前是透明人了！你了解我！真的很了不起！谢谢！

10. 童年的噩梦——童年的创伤到底可以有多深

你今天为什么会成为这个样子？你为什么会有这样的心理状态？你为什么有这样的人际关系状态？为什么你的内心总是惶恐不安？你为什么会找到这样的情侣？这些都与我们童年的经历有着千丝万缕的联系。很多人根本不了解这一点，一直生活在惘然和困惑之中。童年的经历到底会对我们今天的生活产生什么样的影响呢？看完这个童年的噩梦你就会知道。

微博上一位粉丝给我留言，说想跟我谈一谈她的梦。于是，我把邮箱告诉她，很快就收到她的邮件。下面是邮件的内容：

没想到您在这么短的时间内给我回复，呵呵。下面这三个梦，是我长期以来百思不得其解的梦。

【第一个梦】

做这个梦的时候，我5岁，好像不到，4岁吧，大概就四五岁，很小。那是幼儿园放暑假的时候，父母是上班族，我家住楼房，我每天睡醒了就到奶奶家吃饭，奶奶家是平房，离我家不远，平时有很多小朋友和我玩。

其实小朋友嘛，做梦是很少的，就算做了也不太记得，做了的梦大多也是开心的。可这个梦有些奇怪，它反反复复地做，梦里面听到踏踏的走路声，抑或是啪啪声，不管是什么，其实说起来也不是很恐怖，但不知道为什么，我总是在早上八点左右做这个梦，然后被惊醒，接着就大哭（爸妈都上班了，家里没人）。

隔壁家的奶奶来安慰我。后来就没事了，妈妈回家后就开我玩笑，说那么胆小。可是，第二天早上还是被同样的梦吓醒，这次隔壁奶奶也不在，我连鞋子也不穿，就冲到奶奶家。

这样连续一个星期之后，妈妈就叫叔叔轮流来陪我，等我醒来。后来，我认真想想，这样的声音其实不算恐怖，但不知道为什么想想还是很怕。我百思不得其解。

【第二个梦】

这一个梦之所以被记得那么久，有两个原因：

1. 这个梦貌似挺开心的，中间还不乏冒险的片段，虽然有惊吓，但很快就化险为夷。

2. 最重要的是，这个梦和我表姐做的几乎一模一样，我忘了是不是同时，但几乎是同时期。

做这个梦的时候，我大概10岁左右。梦境一开始，我在学校上课，写作业，然后不知道为什么，就变成在家了，旁边还有一个同学。然后突然发现没作业本了，就想去买，结果我们就出去玩了，玩着玩着很开心，然后快回家的时候才发现没有买到作业本。突然看见一个老奶奶在摆摊，我们就上去问她卖什么，她说卖作业本。我们好开心，呀，那么好，想买它就可以买了。然后我们又问多少钱一本。她说一分钱一本。我的天哪，好便宜。那时候都是一毛五分买一本作业本的。我想我一定要趁机多买点（我表姐梦里是买笔）。然后我们买了好多好多，好开心。

正在这时候，不知道为什么我们又走到了去奶奶家的那条巷子。这个时候，突然有一帮人冲过来，天色突然也黑了，那帮人好像是我的同学，其中有一个人是我表姐（表姐梦里冲过来的是她同学，其中有一个人是我）。看到表姐，我心安了一点儿，然后赶紧问，怎么回事？表姐说，“有怪兽，快跑！”我一抬头，哎呀，好大的怪兽！然后，我们就跑啊跑啊，我想跑到百货商店就好了。然后我们就跑到百货商店，里面的商品很漂亮，琳琅满目的，不知道为什么就忘了外面怪兽的事情，后来我们所有的小朋友就一直在里面看漂亮的商品。

这个梦后面就不太记得了。大致是这样。做的时候感觉做了好长好长。

【第三个梦】

这一个梦类似的也做过，但要算这个梦最唯美，梦里面的画面都很唯美，也许不能用唯美这个词来形容，但一时想不出用什么词能形容它最好。

做这个梦的时候我15岁，快读高中了。梦里，我在一块野外的墓地里，天空很黑很蓝，月亮很大很亮，墓地上面有个十字架，类似漫画里凄美的场景。乌鸦还站在十字架上面，不停地叫。刚开始我没有害怕，觉得这个景色还挺美。

然后听见妈妈在叫我："你在发什么呆，快来帮忙！"我转身就看见妈妈和小表妹在那里，然后我过去就问我要做什么。妈妈说，用铲子挖土。我就挖啊挖啊，突然发现已经挖了好深，我在坑里停下来喘口气问妈妈："妈，挖那么深干吗啊？"我还开玩笑地问："难道要埋人？"妈妈错愕了一下，就说："问那么多干吗，快挖。"

然后我想，妈妈这么做肯定有她的道理。可是又想，这么晚在这儿挖坑，月黑风高的，总有偷鸡摸狗的感觉。这么想着，突然听到妈妈说："够了。"我心想，终于可以休息了。妈妈说："你不用上来了。你不是问为什么挖那么深吗？就是用来埋你！不挖深我还怕埋不了你。"

然后我就大哭，很难过。突然就这么哭醒了。

看完这三个梦，应该说，每一个梦的基本主题还是清晰的。如第一个梦，表达的是一种恐惧感，梦女连续一周都做这样的梦，有点儿恐惧症的意味，可能源于童年期的某种心灵伤害。第二个梦，表达的是一种不安感，在本来无忧无虑的童年生活中，会莫名其妙地涌现出一种不安感，也就是说，幼小心灵的平静感被打破了，产生一种神经质式的不安感，这也一定是源自某一个创伤事件。第三个梦，我倒觉得反而简单些，表达的是某种情绪倾向，可能源于母亲对她的态度，也可能源于梦女与母亲疏远的关系所导致的潜意识臆想。

这就是这三个梦的大体反映。要深入解这些梦境，梦女必须提供更多、更详细的资料。于是，我给梦女发了一封邮件，要求她提供家庭情况和童年时经历。很快，我就收到了梦女的回复。下面是她的回复邮件。

其实，挺讨厌说自己的经历的。因为总觉得这些经历对我的影响似乎很大，但我不希望是这样的。简单说说吧。

小时候的我当然很开心啦，虽然是独生子女，可是除了晚上在自己家睡觉，一日三餐都和奶奶一起吃，在奶奶家也有很多小朋友和我一起玩耍，家里就我一个小孩，包括奶奶家，叔叔他们都还没成家，当然我就很受宠。这样的日子看起来很像妈妈每晚讲的童话故事那么美好，一直延续到我读幼儿园中班或是大班的时候，我好像差不多 6 岁吧。

那一天晚上，妈妈和爸爸吵得很凶，之后没多久他们就分开了。分开的这段时间我和妈妈住在外婆家。我以为如果不出意外，他们离婚后我是跟妈妈的，虽然爸妈我都爱，但平时我比较亲近妈妈。那时候最大的问题就是挨饿，奶奶家也是战火连连，我中午基本上不能吃东西，也没人过问，没人知道，更没人关心。

小学二年级的时候，我去和爸爸一起吃饭，他和我说了好多。之后我就没回外婆家了。一直和爸爸住在一起，直到他们离婚。

小学五年级的时候，父母和好了。说是为了我。和好后，我和妈妈的关系一度很差，因为她总是骂我，不再像以前那样。再后来，好了一点儿，日子就这么过去了。

我现在的情况是读完大学之后考研，暂时没工作，在找工作。和父母的关系不算太好，和爸爸基本上没话说，只要不吵架，只要他没有看不顺眼就算好的了。妈妈呢，喜欢讽刺我，一般的讽刺话我不在乎，但是说得太过分我就会还嘴，然后她就不高兴。我们偶尔会冷战，一个星期不说话。

唉，就这些吧。真的很不愿意说这些，感觉一团糟。

嗯，这个估计也很重要。我忘了说，呵呵。我谈过三次恋爱。第一次是在初中，第二次在高中，第三次在大学。第二次对我而言比较重要，因为是真的用心在经营那段感情。因为对方有新欢，我们就这么断了。后来大学这个男朋友，令我更难过，谈不上多喜欢他，但是希望可以和他就那么平静地过下去，可是他还是伤害了我。目前单身，也不想谈恋爱，心累了。就这些。

以上就是梦女邮件的全部内容，看完梦女的邮件，有一种怅然若失的感觉，一种人未老、心先衰的感觉，令人感叹。当然，看完邮件，三个梦境所表达的含义也就清楚了。

第一个梦境的内容是梦女大约四五岁的时候，在幼儿园暑假期间，每天早上都会被噩梦惊醒。不过奇怪的是，说是噩梦似乎有点儿夸张，因为梦里仅仅只是“听到踏踏的走路声，抑或是啪啪声”。梦女觉得“其实说起来也不是很恐怖”，但不知道为什么，梦女总是在早上八点左右做这个梦，然后被惊醒，接着就大哭。最严重的一次，梦女被这个噩梦吓醒之后，连鞋子也不穿，就冲到奶奶家了。

关键的是，这样的梦每天都做，连续做了一个星期，这令梦女百思不得其解，因为“后来，认真想想，这样的声音其实不算恐怖，但不知道为什么想想还是很怕”。

虽然梦女"挺讨厌说自己的经历的"。因为总觉得这个经历似乎对她影响很大，但梦女并不希望是这样子的。其实，我们通过梦女对童年生活经历回忆的抗拒态度就已经知道，童年的生活经历确实已经影响到了梦女的成长。

通过梦女的叙述我们知道，在梦女读幼儿园的时候，家庭经历了一次变故。虽然梦女把这次变故说得轻描淡写，但经历这次变故之后，梦女的爸爸妈妈就分居了。而梦女的第一个梦，正是在这个时期做的。

梦女梦境中"听到踏踏的走路声，抑或是啪啪声"不正是家庭战争中常见的声音吗？要么是争吵过程中的声响，要么是其中一个人愤怒地甩门离去的声音。父母的战争给幼小的心灵带来了巨大的恐惧感，使幼小的心灵无所适从，先不说担心，就是这种敌对愤怒的场面也令人害怕，从而产生恐惧情绪。

一旦恐惧心理产生，类似的声音稍微大一点儿，就会带来一种强烈的不安感，一种不知道接下来会发生什么事情的恐惧感。这正是梦女梦境所表达的主题。

但是，这里有个疑点，梦女父母那次导致他们最终分开的大吵，是发生在梦女 6 岁左右，也就是梦女做这个梦之后，那时候梦女还是住在自己家中，不是住在奶奶家。这又如何解释呢？

要知道，任何大吵都不是凭空而来的，一定是经过长期积累和酝酿。因此，在这次大吵之前，梦女的父母一定已经发生过不知道多少次的争吵，而正是这些争吵，导致梦女产生了恐惧心理。梦女暑假期间的那段时间，可能正是父母吵架频率比较高的时期，或者有过一次激烈的争吵，因此才会导致梦女连续一周的心灵不安。

而这种不安，在梦境中反映出来，就是对声音的恐惧，因为这些声音让梦女的潜意识担心接下来会发生什么事情。而这就是第一个梦的渊源。

对于这个梦，我们也不排除梦女存在记忆遗忘的可能性，梦女记忆中的父母大战是在6岁的时候，而做噩梦是在四五岁的时候。其实，对于童年的记忆，我们有太多的模糊性，不仅表现在内容上，而且也表现在时间上。因此，我们也可以说，这个梦就是源于梦女在6岁左右的父母大战之后所造成的阴影，只是梦女把这一时间关系记错了。或者说，处于心理防卫的需要，潜意识里“有意识”地将时间记忆错，从而避免对“自己的恐惧是源于父母的争吵”的认定。

第二个梦的基调是比较愉快的，连梦女都承认：“这个梦貌似挺开心的，中间还不乏冒险的片段，虽然有惊吓，但很快就化险为夷。”这个梦的大部分内容都充分反映了一个快乐童年所具有的各种元素。

梦女梦到与同学一起上课，写作业，然后突然发现没作业本了，就想去买，然后又出去玩了，玩得很开心，到快回家的时候才发现没有买作业本。但这时候仍然心想事成，看到一个老奶奶在卖作业本，而且还特便宜，于是买了很多。

正在快乐的时候，突然风云突变，来了大怪兽，大家都争先恐后地逃跑。但情况并不危险，梦女又和小伙伴们跑到百货商店里去看百货商店里琳琅满目的商品，忘记了外面的怪兽。

这就是整个梦境，做这个梦的时候，梦女10岁，父母已经分居，梦女住在奶奶家，这段时间虽然动荡，但是梦女“其实，也没觉得多可怕”。“我觉得事情也还不算太糟。”因为相信“也许爸妈处理完这些事情了，总有一天，他们又会变成以前那个样子”。

这一段描述表达了梦女在那一段时间内情绪还是比较平静的，住在奶奶家，有很多小伙伴和自己一起玩耍；父母分居还带来一个好的“副效应”，那就是没有人太管自己了，因此，那一段时间可能是梦女无忧无虑的一段时间，估计与小伙伴们玩得很疯。然而，这样一段时间为什么会做有怪兽的梦呢？这源于两个原因：

第一，小孩虽然健忘，在玩耍的时候会暂时忘记父母分居的事情，但它会时不时涌上心头，给她当头一棒，让她回到残酷的现实中来。

第二，梦女描述“那时候最大的问题就是挨饿，奶奶家也是战火连连，我中午基本上不能吃东西，也没人过问，没人知道，更没人关心”。这一段表达了梦女那一段时间住在奶奶家中的生活状况，奶奶家也是战火连连，说明家族内的矛盾和争吵也没有消停，而且还让梦女忍饥挨饿，没有人关心她。这些都会导致梦女的不安感，因为可能上顿不接下顿。

那时候的情况会是这样的：当梦女在外面玩耍时，小孩的天性让梦女觉得十分快乐和开心，但一旦回到奶奶家，估计梦女是有心理阴影的，因为战火连连的家庭气氛一定好不到哪里去，而且，在这种情况下自己还可能吃不上饭。估计梦女的表姐也是住在奶奶家的，或者两人是无话不说的闺蜜。所以，两个人才会做相似的梦，因为处在相似的环境中，两人只能惺惺相惜，彼此互诉衷肠。

这就是第二个梦的渊源，在基本平静和快乐的生活中，不安会时不时地袭来，就像怪兽一样。然而总体而言，对梦女的影响还不是很大，因为童年的快乐和玩耍让梦女会经常忘掉这些忧虑。

第三个梦境的内容是这样的：梦女梦见在一块野外的墓地里，天空很黑很蓝，月亮很大很亮，墓地上面有个十字架，类似漫画里凄美的场景。乌鸦还站在十字架上面，不停地叫。梦女觉得这个景色很凄美。

梦女听到妈妈叫她帮着挖坑，挖坑时，梦女突然有疑问，问妈妈挖这么深干什么？还开玩笑地说，难道要埋人？然后梦女又想，妈妈这么做肯定有她的道理。可是梦女又有一些想不通，因为这么晚在这儿挖坑，似乎总给人一种恐怖不安感。正在梦女这么想着时，她突然听到妈妈说，够了。当梦女觉得终于可以休息时，又听到妈妈说，你不用上来了。你不是问为什么挖那么深吗？就是用来埋你！不挖深我还怕埋不了你。

这是一个什么样的梦呢？我们来看看梦女的叙述。

“小学二年级的时候，我去和爸爸吃饭，他和我说了好多。之后我就没回外婆家了。一直和爸爸住在一起，直到他们离婚。

“小学五年级的时候，父母和好了。说是为了我。和好后我和妈妈的关系一度很差，因为她总是骂我，不再像以前那样。”

这个梦做于梦女15岁的时候，正是青春反叛期，也是多愁善感期，对于离异家庭的小孩来说更是如此。通过上面的描述，我们知道，梦女从二年级开始住在爸爸和奶奶家，一直到五年级，父母和好后，才跟妈妈重新住到一起，这时候母女俩的关系已经很陌生，而且发生了变化。妈妈已经不再是当时跟梦女很亲近的那个妈妈，而是会经常骂她，梦女甚至有妈妈可能挖坑害自己的想法。

而青春叛逆期容易对现实由不满发展成仇恨，梦女在潜意识中将妈妈的形象丑化。于是，在梦境中出现了妈妈让自己挖坑，其实是想要埋掉自己的情节。我们不能排除这种可能，那就是在多愁善感的青春期，梦女曾经幻想过在墓地上的凄美感觉；也不能排除妈妈在平时骂梦女时会蹦出“我还怕埋不了你”这样在梦女看来十分恶毒的气话。

第三个梦，是梦女与母亲情绪对立的产物，是梦女潜意识中对妈妈的形象定位以及母女恶劣关系的反映。

以上就是我对这三个梦的分析。在梦女最后的介绍中，对自己的情感状态进行了描述，通过这些叙述其实我们看到，父母离异这件事情对梦女的影响确实并不是想象中的那么严重，因为梦女仍然在青春期的各个时期都有正常的恋爱，至于恋爱失败的原因其实不一定是梦女自己心中认为的原因，因为那是一方的主观态度。所以，“也不想谈恋爱，心累了”。其实是童年没有安全感的经历所导致的情感疲惫和信心缺失，在遭受到情感挫折之后就很容易放弃，因为对未来并没有美好的期盼，这些都是童年经历所导致的后果。其实，有时候换一个角度来看待问题，对人生好坏的看法就会不同，希望梦女能够走出来。

在解完这一系列梦之后，我将解梦的结果发给了梦女，很快就收到了梦女的回复：

关于第一个梦，我做这个梦的时候，父母还算很好，没有那么大的争吵，平时很少吵架，即使吵架也没有那么大的声音，这也是我觉得奇怪的地方。不过到了后来，我和爸爸住的时候，我倒是经常幻听到妈妈的脚步声，就是那种踏踏的声音，总觉得她要过来吵架了。

关于第二个梦，那时候父母已经复婚，我经常去找表姐玩，表姐是姨妈的女儿，并不和奶奶住在一起。我和表姐从小就挺好。偶尔，姨妈不让我们在一起玩，有时候还派表弟监督我们，我想她是担心我们做坏事吧。

关于第三个梦，其实我也想过为什么会做这个梦，我自己的理解是，那时候我与妈妈的关系很微妙，不能说不好，但有时候隔阂很大，那时候妈妈经常带小表妹，而小表妹经常把我当成敌人，怨恨我与她分享我妈妈的宠爱，而我看到妈妈太宠爱小表妹，心里也不是很舒服，我觉得妈妈才刚对我好，就又对另一个人比我还要好。有时候，妈妈还做一些过分的事情，说一些过分的话。我想，那个梦想表达的是，如果非得放弃一个人，妈妈一定会放弃我。我接受不了这个事实，经常哭着醒过来。

以上就是梦女的回复。我们看到，梦女对三个梦都作出了补充说明。第一个梦，梦女认为做梦的时候父母关系还很好，不至于吵架这么严重，所以自己也对做这个梦表示奇怪。其实，我们要看到的是，我们的记忆往往是不准确的，特别是对于童年的记忆．那是 20 多年前的事情，常常会产生误差。在叙述这个梦境的时候，梦女其实也不是十分确定做梦的时间，我们看到她是这样说的：“做这个梦的时候，我 5 岁，好像不到，4 岁吧，大概就四五岁，很小。”我们可以设想，如果父母感情很好，梦女怎么会做这样的梦呢？我不能肯定梦女的这个梦一定是在梦女父母大吵的那一晚之后做的（即使这种可能性极大），但是基本上可以判断梦女做这个梦一定是父母的吵架所致，因为梦女在补充中也提到，“不过到了后来，我和爸爸住的时候，我倒是经常幻听到妈妈的脚步声，就是那种踏踏的声音，总觉得她要过来吵架了”。这就基本上可以断定梦女是在父母感情恶化、发生冲突之后所做的梦，是安全感丧失之后的梦，总担心父母又起冲突。

梦女对第二个梦的补充倒是可以让我们对梦境进行更加深入的解析。我曾经猜测梦女的表姐是和梦女一起在奶奶家长大，因为一起生活，所以会做类似的梦。但是，梦女告诉我表姐是姨妈的女儿，也是妈妈这边的。因此，姨妈的态度是与妈妈的态度相一致的，就是在那个阶段对梦女的敌视（可能认为她是扫帚星？小孩不和谐家庭的替罪羊，即使父母不这样认为，小孩自己心中也会这样认为，从而造成心理阴影）。所以，即使和表姐一起玩，姨妈也不放心，甚至派表弟监视。正是因为姨妈的这种多疑的性格，导致了梦女在一个很愉快开心的梦境中梦到怪兽的出现，从而让这种愉快的情绪戛然而止。

梦女对第三个梦的补充也有助于我们对这个梦的理解。在我的解梦中，我只是提到了这个梦可能是梦女与妈妈的敌对情绪所致，并没有深入地分析下去。现在，梦女告诉我们：“我那时候与妈妈的关系很微妙，不能说不好，但有时候隔阂很大，那时候妈妈经常带小表妹，而小表妹经常把我当成敌人，怨恨我与她分享我妈妈的宠爱，而我看到妈妈太宠爱小表妹，心里也不是很舒服，我觉得妈妈才刚对我好，就又对另一个人比我还要好。妈妈有时候还做一些过分的事情，说一些过分的话。我想，那个梦想表达的是，如果非得放弃一个人，妈妈一定会放弃我。我接受不了这个事实，经常哭着醒过来。”这个梦境真实地反映了梦女内心的想法，也表达了她那段时间的心理状态。

童年的梦我们可能不能完全记住或记全，但它们却在我们的心灵深处刻下深深的印记，影响我们现在的生活，甚至一生的幸福。

11. 柏拉图贞女——另一种爱情观

爱情是什么？两性相吸？不一定，前面我们说了，同性之间也可以相吸，甚至存在双性恋现象。那么，是灵与肉的结合？也不一定，难道没有肉体关系就一定没有爱情？看来人类对爱的理解实在是太肤浅了，我们总以为这样才是爱情，没有想到过了不久就会出现那样的爱情；看来爱情并没有固定的定义，它存在于每个人的心中，你觉得爱情是什么，它就是什么，正所谓“爱与不爱，存乎一心”。

这个梦的来历挺有意思，算是我意外捡到的一个梦。

我本来没有打算来解这个梦，但由于这个梦有一定的代表性，我最终还是决定解开它。

记得我刚刚开始上QQ的时候，我的QQ好友都是曾经向我咨询的人，我也没有在什么聊天室里聊过天。后来，经常有一些朋友要加我为好友，我认为不会有陌生人无缘无故地加我为好友，所以每次有申请加为好友的，我都是来者不拒，从来不去看是谁。

但是，由于每个人都有昵称，这样久了之后，到最后我就搞不清谁是谁了。于是，当有不熟悉的好友找我聊天时，我的第一个回复一定是“谁？”，以便弄清楚来者身份。

一天，当一个昵称叫“春天”的网友找我聊天时，我的回答是“我不跟陌生人聊天”。

“春天”说：“你不跟陌生人聊天，你上网上QQ干啥？”

我觉得她说的也有道理，其实不是我扮酷，而是我不知道跟一个毫不相关的人该聊些啥。

“春天”对我的解梦表现出明显的兴趣，虽然她对我的解梦有点儿怀疑——为什么看不到通常解梦中应用的各种古今中外或高深莫测或时髦流行的理论，比如周公解梦什么的。

我很欣赏她的这种怀疑的精神和独立思考的态度。

当我告诉她这种解梦技术是科学的时候，她觉得更加不理解了，解梦还分科学和不科学吗？于是她给我冠了一个“江湖医生”的头衔。我跟她说，我宁愿做老军医也不愿意做江湖医生，老军医好歹还能解决一点儿实际问题，江湖医生纯粹是唬人的。

其实我还想跟她说，理论只是一套观察系统，是我们观察世界的工具之一，或者说，是我们观察世界某一个截面或某一个方面时的观察工具。世界是支离破碎的，理论这个工具，对于人来说，就好像一个望远镜或者显微镜，可以帮助我们把事物或世界看得更清楚。但如果你是一个瞎子，这套工具对你有何意义？

退一步来说，如果你还好，只是近视眼，那你看到的仍然是模糊的世界。

即使你视力正常，你也得知道如何使用工具，比如调焦距等。况且，摆在你面前的工具太多了，可能还有凸透镜、凹透镜等，在你没有拿起工具观察之前，如何选择合适工具也是一项重要的技能。

在你具备上述所有的这些条件之后，你选对了工具，调好了焦距，你很惊喜，因为你看到了最清晰的东西！但是，你看到的东西就一定是真实的吗？你又如何看待和分析你所看到的真实呢？

从盲人开始，到近视眼，到选对工具，到分析所看到的真实，我们要如何才能了解真相呢？如果你看到一个盲人手拿望远镜在指挥作战，你会有何感想？

最后她说要再多看看我的解梦案例才下结论。这是我们的第一次聊天。

后来还有一次，她问我为什么对解梦如此感兴趣，我说解梦就是写自己，就是剖析人性。她可能记住了这句话，后来在我发表一篇名叫《偷情》的解梦案例后，她在评论上留言："感觉写的是自己。"当我看到这个留言时，忍不住笑了，我觉得这个女孩也太可爱了点儿。

你知道吗？写作的最佳境界就是让读者觉得你所写的东西全部都是你自己所亲身经历的；如同演坏人的最佳境界就是让所有的观众都对你咬牙切齿一样。

此后，好久没有在网上看到过她，当我快要把她忘记的时候，她又露脸了。

她在我发表的又一篇解梦案例后给我留言。她给了我一份关于她自己的梦的记录，并扬言，如果我解了她的这个梦，她就承认我"江湖医生"的地位。我再一次觉得这个女孩太可爱了，但是我没空理她，因为实在太忙了。

过了几天，想起这件事，我在留言板上给她留言，内容如下：

春天，虽然我并不知道你是谁，但是我还是愿意给你解梦。不过你好像对解梦的理解有些偏差，真的把我当成江湖医生了。解梦不是解梦者和做梦者之间的博弈，而是做梦者借助于解梦者的知识和经验解开自己内心深处深深埋藏而自己无法意识到的情结，获得心灵的释放。因此，如果你真的想要我来解这个梦，你必须给我提供如下信息（你可以发邮件给我）：

1. 你的基本情况，包括年龄、家庭、姊妹、学历、成长经历、兴趣、爱好以及与父母的关系等，尽可能详细。

2. 你与初恋男友的情况，什么时候开始，开始时的年龄，相处多长时间，分手原因，你最喜欢他什么，最不喜欢他什么等。

3. 除了初恋男友，还有几个男友？关系如何，相处多久，分手原因等。

4. 这个梦是什么时候做的？梦中男友的同伴你认识吗？如果认识，是什么印象？

5. 梦中躲到最早期的家，是什么时候的家？与男友相恋时还住在这个家吗？

如果你能够敞开自己的心扉，那我们就继续吧。否则，我也不用你来承认我这个江湖医生了，我还是做我的老军医去。

这段话是对“春天”说的，也是对我所有的读者说的。解梦不是猜梦，解梦的宗旨是为了获得心灵的释放和帮助人格的成长。

解梦是一个互动的过程，需要解梦者与做梦者充分地沟通互动，解梦者越了解做梦者，所解的梦也就越准确，对做梦者的帮助也越大。任何对解梦者的不信任、对梦的情节的隐瞒、对自己情况的隐瞒及对解梦者提问的隐瞒，都将导致解梦的失败，从而使解梦失去意义，也不能帮助做梦者解决心灵深处埋藏的情结，从而无法获得心灵的释放，无法帮助人格的成长。

虽然我一看“春天”给我的关于她的梦的记录，就对她的梦境有基本的分析和判断，并且得出了一个基本结论。但是，为了把这个梦解释得更加圆满，我需要她提供更多的信息，同时，我希望通过与她的互动了解更多有用的信息。

然而，她从此消失了。

由于一直没有得到相应的信息，我本来是不想解这个梦的。但是，这个梦与众不同，仅凭现有的信息，也基本可以把这个梦解出来，所以，我还是尝试着把它解出来，作为我解梦案例中的一个。

下面是“春天”给我留下来的梦的内容：

梦开始时，我看见了初恋的男友，开始有种很亲切的感觉。但他突然牵起我的手，我的内心有种很恐慌的感觉，感觉有什么事要发生了。他抱着我，我不知道要做什么事，不记得了。我拼命地挣扎，然后跑，不停地跑，终于跑到了一个宿舍的院子。再一看，是我原来最早期的家，我躲到了另一个单元里，还跑上了三楼。而我男友则朝我家的方向追去，我刚要庆幸他没发现我时，他的同党出现了，然后也准备跑上楼来抓我。我情急之下，从三楼阳台往下跳，居然没有伤到。我继续跑，男友又出现了，好像对我说了一些威胁的话，他快要抓到我了，我害怕极了，张开了双手。突然，我飞了起来，忽高忽低，不受控制，他抓不到了……后来的不记得了，也有可能是醒了。

这个梦好长时间没有做过了，但之前做过同样的梦，这可能是第三次了。

如何来解这个梦呢？我们来重温一下：梦是情欲的舞台，是潜意识的表白和掩饰。每一个梦都有一个主题。

下面我们来分析这个梦。

“梦开始时，我看见了初恋的男友，开始有种很亲切的感觉。”说明做梦者是喜欢自己的初恋男友的。但是，为什么会有“但他突然牵起我的手，我的内心有种很恐慌的感觉”呢？当一个喜欢自己而自己也喜欢对方的人牵起自己的手时，为什么会有一种很恐慌的感觉呢？她恐慌什么？

我们继续分析。“感觉有什么事要发生了，他抱着我，我不知道要做什么事，不记得了。”是真的不记得，还是有意地隐瞒梦境中自己认为不好的情节？恋人之间，除了肌肤之亲，还会有什么？这是她恐慌的原因吗？

“我拼命地挣扎，然后跑，不停地跑，终于跑到了一个宿舍的院子，再一看，是我原来最早期的家。”不仅恐慌，而且挣扎、逃跑，她要逃避什么？最终逃到“最早期的家”。“最早期的家”代表一种最初的安全感，一种最久远、最原始的安全感。做梦者害怕什么，想获得一种安全感。

“我躲到了另一个单元里，还跑上了三楼”，希望躲避得越远越深越好，这种安全感还不够，还想往更深处逃去。

“而我男友则朝我家的方向追去，我刚要庆幸他没发现我时，他的同伴出现了，然后也准备跑上楼来抓我。”躲不掉的，当自己刚觉得安全了的时候，还是被发现了，虽然不是自己的男友，但是是其同党，另一个男人，并不比前男友好到哪里去，也要上楼来抓自己。这反映出一种深深的无奈，觉得自己无处可逃，无法摆脱。

“我情急之下，从三楼阳台往下跳”有这么严重吗？是什么事情让做梦者如此恐慌？冒着摔伤的风险，跳楼自救。面对有亲切感的初恋男友，用得着这样吗？在什么样的情况下会这样呢？

“居然没有伤到，我继续跑”。人在什么样的状况下处于最佳状态？那就是当你把全身的能量都调动和集中起来的时候，从三楼跳下居然没有摔伤，要聚集多大的能量啊？又是什么事情让她有这么大的决心和勇气呢？可最后还是没有跑掉，“男友又出现了，好像对我说了一些威胁的话”。为什么会对她说一些威胁的话？恋人之间有什么可以威胁的？

“他快要抓到我了，我害怕极了，张开了双手，突然，我飞了起来。”被男友抓到的结果会是什么？为什么“害怕极了”呢？这一段将害怕之情推向了极致，人在情急之下什么都敢想，什么都敢做的，特别是在梦中。所以，为了逃避男友，地上躲不掉，只能逃到天上去了。

“忽高忽低，不受控制”，表明即使逃跑了，还是没有获得完全的安全感。“但是他抓不到了……”则表明终于安全逃避掉了。说句实话，分析到这里，我的心也才放下来，不知怎么回事，我都替做梦者捏了一把冷汗。

亲爱的读者，读到这里，我们如何来分析这个梦呢？

每一个梦都有一个主题，那么，这个梦的主题是什么呢？

这个梦的主题很明确，就是逃避。

做梦者要逃避什么呢？为什么要逃避自己喜欢的男友呢？你能想得通吗？男友得罪了她？那么，什么事得罪了她呢？这种逃避是那样的坚决和果敢，那样的义无反顾，那样的不计后果，为什么？是害怕男友还是害怕其他的什么？

每一个梦，都是一个情欲的主题。这个梦表达了什么样的情欲主题？大家知道，说梦是情欲的舞台的时候，这里的情和这里的欲，都是广义层面上的。情是指喜、怒、忧、思、悲、恐、惊七情，欲是指六欲，也就是我们六大感觉系统给我们带来享受并由此激发的欲望。换句话说，梦是七情六欲的舞台。

不过，在这个梦中，当我们说这个梦的情欲主题时，却恰恰是讲狭义的情欲的概念，即爱情与肉体欲望的冲突。

这是一个关于爱情冲突的梦境。

什么是爱情？是先有爱，还是先有性？或者真如流行的说法那样：女人是先有爱才有性，男人是先有性才有爱？你怎么看呢？

我们的做梦者，可爱的“春天”，就是陷入了这个旋涡之中不能自拔。这是第一层意思。

只愿意跟自己最爱的人有性，不愿意勉强，所谓“宁为玉碎，不为瓦全”。

这是第二层意思。

更加深入地分析，“春天”的观点可能更加极端，就是只要爱，不要性，爱是贞洁的，性是肮脏的。这是第三层意思。

亲爱的读者，你又怎么来看呢？关于爱情。

如果你是男性读者，你选哪个答案我当然心中有数。

如果你是女性读者，情况会是这样的：

几乎所有的人都同意第一层意思。

半数以上的人同意第二层意思。

很少的人同意第三层意思。

那么，我这篇文章是写给哪类人看的呢？

第三类人？对了。

第二类人呢？也对了。

第一类人呢？还是对了。

其实，不管你是赞成哪种观点，我觉得都不太对。

实际上，从人性的角度来看，从我们实际行为的角度来看，上述的所有观点都是不太正确的（我是不会轻易说别人的观点是错误的，请注意我的两个大前提）。要想弄清楚这个问题，我们要来谈一谈导致这些错误观点的罪魁祸首——柏拉图老夫子。

柏拉图是谁？说句实话，我也讲不清楚，我甚至不知道他是埃及、罗马还是希腊人，也不知道他的学说到底是讲什么的。不过在他的论点中，有一点跟我们今天要谈的话题有关，那就是以他的名字命名的“柏拉图式的爱情”。

为了搞清楚这个问题，我不得不在网上搜索了一下，并记录如下：

柏拉图式爱情，一种异性间的精神恋爱，追求心灵沟通，排斥肉欲。柏拉图认为：当心灵摒绝肉体而向往着真理的时候，这时的思想才是最好的。而当灵魂被肉体的罪恶所感染时，人们追求真理的愿望就不会得到满足。当人类没有对肉欲的强烈需求时，心境是平和的，肉欲是人性中兽性的表现，是每个生物体的本性，人之所以是所谓的高等动物，是因为人的本性中，人性强于兽性，精神交流是美好的、是道德的。

柏拉图式的爱情有以下的意义：

1．理想式的爱情观（比喻极为浪漫或根本无法实现的爱情观）；

2．纯精神的而非肉体的爱情；

3．男女平等的爱情观；

4．在这世上有，有且仅有一个人，对你而言，她（他）是完美的。也就是说，任何一个人，都有其完美的对象，而且只有一个。

第一个意义被使用得最常见，但其实是一个误解。这误解来自于柏拉图的一部有名的著作《理想国》。该书探讨如何建构一个理想的国度，因其或许过于理想化而难以实现，故有人以此来诠释何谓柏拉图式的爱情。

第二个意义也经常被使用，但基本上也是误解。这误解来自柏拉图的形而上学，他认为思想的东西才是真实的，而我们看见的所谓的“真实世界”反而不是真实的。

第三个和第四个的意义才是柏拉图的爱情观。

柏拉图认为，人们生前和死后都是在最真实的观念世界里，在那里，每个人都是男女合体的完整的人。到了这个现实的世界，我们都分裂为二。所以人们总觉得若有所失，企图找回自己的“另一半”（这个词也来自柏拉图的理论）。柏拉图也用此解释为什么人们会有“恋情”。

在他的理论中，没有哪一半是比较重要的，所以，男女是平等的。而且，在观念世界中你原本的另一半就是你最完美的对象。他／她就在世界的某个角落，也正在寻找着你。

以上就是在网上搜索到的关于柏拉图式爱情的解释。我横挑鼻子竖挑眼想找点儿碴子出来，发现很难。但总觉得有哪个地方不对劲。

我们先来看他对爱情的观点和态度。柏拉图老夫子认为："当人类对肉欲没有强烈的需求时，心境是平和的（即静止的，情绪是凝固的，不流动的，跟死有什么区别？古人说，流水不腐，户枢不蠹），肉欲是人性中兽性的表现，是每个生物体的本性（既然是本性，为什么不能正视和尊重这种本性呢），人之所以是所谓的高等动物，是因为人的本性中，人性强于兽性，精神交流是美好的、是道德的（没错，人性应该高于兽性，但是没有说要消灭兽性啊，而且也不可能消灭兽性啊，因为兽性存在于你的肉体之中，与你的肉体合为一体，消灭兽性的唯一结果就是死亡）。"

原来，问题就出在这里，然而，当我们强调人性和精神享受的美好时，我们忘了，我们其实只是一个寄生体，我们寄生在什么东西里面呢？就是有着万恶兽性的肉体里面。就是这个劳什子，让我们时时有克制不了的肉体冲动。

那我们摆脱它啊！

可是，除了死亡，还有别的摆脱办法吗？

精神确实是美好的，但是身体的需求也不可或缺。

再来谈谈兽性。所谓兽性，并没有你们想象的那样可怕。兽性其实就是动物性，也就是作为动物所具备的一切属性——喜怒哀乐、食色性也（食欲与性欲是人这个动物的本性）。

人是动物，这是无法摆脱的现实，具有动物的属性，人超越动物的地方在于人有精神世界。人的动物性是爱情的基础。爱情是人的动物性的升华。

那么，到底什么是爱情？要回答这个问题，首先还得回答另一个问题：动物之间有爱情吗？

肯定有人说有，有人说没有，那你们的判断标准是什么呢？

我的观点是，有择偶就是有爱情。因为有选择，就是有好恶。

孔雀为什么要开屏？百灵为什么要歌唱？你能说我们的“女为悦己者容”就是爱情，孔雀开屏就不是爱情（当然，开屏的是男孔雀）？你能说我们的对歌相亲就是爱情，百灵鸟的就不是？连最低级的昆虫也可以根据气味接纳或拒绝异性的求爱。

你知道情人、红颜知己、蓝颜知己的区别吗？判断的标准，就是有没有发生性关系。与红颜知己或与蓝颜知己之间可以无话不谈（这才是真正的精神享受），互相理解。可是，他们之间却没有性关系。

你知道一见钟情吗？一个眼神，一个动作，甚至不需要语言，就可以让你深深地迷恋对方。

因此，可以说，爱情源于感觉。

当然，也有日久生情的。本来没感觉，在一起待久了，通过交流和相处，慢慢产生了感觉（当我们说这种感觉时，实际上讲的是想亲近的感觉，产生肉体欲望的感觉）。在这种情况下，爱情源于精神。

所以，爱情并不是纯粹的精神，也不是纯粹的肉体，它是精神与肉体的结合，也就是我们说的灵与肉的结合。

最强烈、最美好的爱情就是灵与肉的完美结合。

这就谈到柏拉图爱情的第四种类型，到底那完美的一半存不存在？

如果你问我，我的回答是：存在。

完美的另一半虽然存在，但可遇而不可求。世界太大，而我们的生命太有限。

也就是说，当我们每个人都用自己那个刚性的标准（其实我可以用另一个更难听的词汇：自私的标准）去寻找另一半时，往往会失望。

小时候做过煤球吗？一个模子出来的，每一个尚且不一样呢。如果我们能够尝试把自己变得不那么自私、自我，抛弃人为的所谓的“标准”，也许奇迹就会出现：原来，他／她竟然就在我们身边！

现在，我们回过头来看“春天”的梦，根据上述的分析，不难看出，“春天”爱她的男友，希望与他之间的爱情纯洁、完美，没有肉体关系的介入。她认为性是肮脏的，讨厌性的接触，只希望获得纯粹的精神享受，可见“春天”是一个品位很高的女孩——心高气傲，注重精神享受，偏执执著，异常敏感，好恶分明。

我对“春天”作了一个大胆、武断的判断：她有洁癖。当然，由于无法与“春天”对话，我不知道自己的判断是对是错。

其实，这些都不重要。重要的是，我希望通过解这个梦，让大家通过梦这面镜子来认识自己，树立正确的爱情观念，接受客观现实，从而收获美好的人生。

12. 退伍女兵的秘密——耻辱的到底是什么

女兵是我们眼中一个神秘的群体，可以引起人们无限的遐想。然而，女兵的生活总是如我们所想象的那样充满浪漫的情调吗？这样的生活又会留下什么样的烙印呢？一位曾经的女兵，退役之后总是做一个跟部队有关联的梦，这是一种什么样的情结呢？我们来看看这位女兵的叙述。

这个梦大概是一个月以前做的。因为很少在醒来记得自己做过的梦，所以记得的大多都是印象深刻的，此梦尤甚。

梦中自己似乎知道了什么不可告人的秘密，躲在以前当兵的连队宿舍，偷听见有人要来追杀我，慌乱中看见开进部队院子的垃圾车，竟躲进垃圾车里混同着垃圾逃出。

接着竟逃到了老家的学校，不知怎么躲到了小学教学楼的一个废弃的房间里，好像房间里还有些不相关、不能给我帮助的人，于是掏出手机想要打给二大爷（因为二大爷是警察，而且就在当地附近，觉得他有办法尽快来救我）。然而二大爷的手机好像正在通话中，还没来得及联系上他，突然门就被打开了（房子的结构是进门有一条走道，不能直接看到进来的人）。

我听见沉重的脚步声一步一步走近，顿时有心要从嗓子眼跳出来的感觉，心想历尽千辛万苦地躲藏、逃命，难道真的就要这样不明不白地被人灭口了吗？心中忐忑不安，希望进来的这个人是可以救我的人。随着脚步声越来越近，我的心也揪得越来越紧，然而我看到了一只举着黑色手枪的手，顿时绝望得大哭起来……

不知为什么突然就醒了，醒来后心情一直不能平复，很想知道最后的结局，想要看清进来的人，但醒了，梦不能继续了。

梦者为25岁的女生，在一家杂志社工作，下个月就要订婚了。自认有比较丰富的人生经历，高三就入伍，当时她17岁，直到2008年退伍，在出生地工作了一两年后，于2011年来到中国东南部某地工作。

父母离异，她是跟奶奶一起生活长大的，童年生活，有快乐，也有痛苦。以前也做过一段时间的心理咨询治疗，自己对心理学也很感兴趣，自认为学过一些心理学知识，懂得一些皮毛，对自己有一定的认识吧。

梦女看了我的《解梦手记》，很喜欢，但始终不明白自己的梦到底是想表达什么。

梦女觉得按理来说，现在已拥有了很多，都是以前可望而不可即的，但是心中却总有担忧，担忧自己会破坏现在拥有的一切，也觉得自己似乎并不安于现状。有时也会觉得自己是不是想得太多了，或者把一些事情看得太重了。

为了解开这个梦，我与梦女进行了一次对话。

梦侦探

你自己对这个梦一点儿想法都没有吗？

女兵

在梦境中遇到劫难，却没有人可以帮助救援，我想可能是因为我缺乏安全感吧，但是我又寄希望于未婚夫，我想是不是在心里对他还不是那么信任呢？我与二大爷的关系，从来就比较生疏，不明白他为什么会出现在我的梦里。

梦侦探

你对结婚这件事情有没有犹豫？很确定吗？

女兵

没有犹豫，我很确定要结婚。

之所以在意这个梦，是因为从小到大，记得的梦真的屈指可数，除这个之外，印象深的就是上初中时梦见以前的继母及其女儿，而且也是这样梦做到一半就被惊醒了。

梦侦探

工作方面有没有什么问题？

女兵

没有什么问题，简直可以用无事可做来形容。

梦侦探

梦里似乎传递出你的自我认知度比较低。

女兵

这一点我自己也认识到了，在以前做心理咨询时，以及和前一任男友交往时。

梦侦探

这与你过去的经历有关吧，讲讲在部队里的状况。

女兵

有一段时间我像迷失了自己，可能是在部队里都会有一些心灵上的空虚吧，做了一些很傻的事情，大多数时候都很抑郁，也就是在那个时候去看了心理医生，甚至有过自杀的倾向。

梦侦探

女兵在部队里会受到各种诱惑吧，虽表面风光，但内心彷徨。

女兵

是的，比较特殊的群体，你很了解啊！

其实也并没有多么风光，只是或许在男兵心目中如此。但是我们并不会得到太多的关注。在我们单位，女兵比男兵还多，所以你并不会感到有什么风光的。

梦侦探

那在部队里困扰你的是什么？

女兵

感情问题，因为感情问题而开始对自己产生了怀疑，觉得自己的人格有问题。有一段时间，我觉得自己总是在说违心的话，不能拒绝别人，所以无端地给自己惹上了很多麻烦，就想要改变这种状况，谁知道却像陷入淤泥一样，越陷越深。

梦侦探

这不就是你这个梦境的典型写照吗？

女兵

记得有一次犯了一个其实并不严重的纪律错误，但是自己却很害怕，吓得一个人躲了起来，不知道该如何面对，竟然想到了跳楼，事后想想，很后怕。

梦侦探

你的自我认知能力很低，应该与你父母离异有关，还有，与你在童年时期曾经和继母生活过一段时间的经历也有关系。

女兵

其实这些我自己也分析过，但觉得和继母共同生活的经历不是关键的，而是和奶奶在一起的生活经历影响了我。

梦侦探

与继母在一起的生活没有什么问题？为什么是奶奶？

女兵

其实继母并没有什么大错，只是我不太会与大人亲近而已，主要是和她的女儿合不来，但是最后分开好像还是因为奶奶觉得继母对我们不好，爸爸才和继母分开了。

我有一段时间甚至认为是奶奶的问题，奶奶总是要求我委曲求全，但我当时不懂的是，奶奶其实是一个非常要强的人。

梦侦探

所以你继承了奶奶的性格，既要强，又委曲求全。

女兵

是的，很矛盾，有时候发现自己的自尊心其实很弱，简直没有办法接受自己竟然是一个这样的人。

梦侦探

这就是你的梦境的渊源，你对自己的要求太高了，导致很小的问题都会在你的意识中无限放大，压得你喘不过气来。

所以，你要做的是，降低对自己的要求，应认识到人性很复杂，自私和自我其实也有合理的一面，不是每个人都要做道德高尚的人的。

女兵

难道要任由这样的本我发展吗？可是我觉得没有人可以接受这样的我。

梦侦探

是的，这才是最真实的你。人性就是这样的，并非只有你是这样的，其实，你身边的每个人都是这样的。

女兵

我想可能是因为我没有讲更多的事情？应该说自己其实早就意识到了，但却不肯往深里想。因为前男友，我才意识到以前在部队生活的不堪。之前在部队有过一些很短暂的恋爱，但是我却很轻易地与他们发生了性关系，有一次还遭遇了欺骗，对方是一个已婚的男人，我们是网恋，第一次见面就发生了性关系，不久这个人就消失不见了，直到后来才知道他结了婚，当时我还想要和他结婚的。再后来，又有一次在集训时，与领导喝酒，被灌醉，遭遇性骚扰。之前一直以为是自己遇人不淑，觉得自己是受害者，后来因为前男友一直质问我，我开始怀疑自己了。

梦侦探

这个梦境已经十分清楚了。总体而言，你的问题不大，是认知的问题，不是问题本身，甚至可能受到了前男友的错误引导。

与梦女的对话进行到这里，这个梦境的情况就非常清楚了，下面我们来分析这个梦境。

“梦中自己似乎知道什么不可告人的秘密，躲在以前当兵的连队宿舍，偷听见有人要来追杀我，慌乱中看见开进部队院子的垃圾车，竟躲进垃圾车里混同着垃圾逃出。”

这一段表达的是梦女的自我认知。“梦中自己似乎知道什么不可告人的秘密”表达的正是深深压抑在梦女潜意识中的“混乱”性爱的秘密，这个秘密是在哪里发生的呢？“躲在以前当兵的连队宿舍”表达了这些秘密发生在自己当兵的那段时间。“偷听见有人要来追杀我”表达的是梦女对这些秘密的认知，表达一种自我否定的态度，自认为是一种要受到惩罚的行为。这是一种什么行为呢？“慌乱中看见开进部队院子的垃圾车，竟躲进垃圾车里混同着垃圾逃出。”这一梦境表达的是自我对这些行为的认知——这是“垃圾”行为！这表达的是梦女对自我的一种极度低下的认知，是一种自尊心低下的感受。

梦境的第二段是这样的：

“接着竟逃到了老家的学校，不知怎么躲到了小学教学楼的一个废弃房间里，好像房间里还有些不相关、不能给我帮助的人，于是掏出手机想要打给二大爷（因为二大爷是警察，而且就在当地附近，觉得他有办法尽快来救我）。然而二大爷的手机好像正在通话中，还没来得及联系上他，突然门就被打开了（房子的结构是进门有一条走道，不能直接看到进来的人）。”

“躲到一个废弃房间”表达的是一种被遗弃的感觉，而“好像房间里还有些不相关、不能给我帮助的人”表达遗弃自己的其实都是一些跟自己无法交流的人，或者说，被遗弃之后，梦女找不到可以交流倾诉的人，所以只能自己把这些苦楚咽下。但是梦女似乎仍然想寻求心灵的支持和帮助，于是“掏出手机想要打给二大爷”。二大爷是什么样的人呢？二大爷是警察，因此我们可以说，这是一种集体无意识，遇到问题，想到找警察，而二大爷正好是警察，所以便梦到想找二大爷帮助自己。

但是，梦女在与我的交流中提到，“我与二大爷的关系，从来就很疏远，不明白他为什么会出现在我的梦里”，这一陈述表达了也许并不是因为上述原因才梦到二大爷，在此，二大爷可能另有所指。我觉得在这里二大爷可能象征着梦女的前男友，因为梦女想要从前男友处获得对过去行为的理解和心理支持，但是，“二大爷的手机好像正在通话中”表达了这种沟通的不畅。可能前男友也是当兵出身，或者也身为警察，所以梦女由此联想到二大爷。还有一种可能，前男友也让梦女感觉到一种陌生感，所以才会将他们联系起来。

这一段梦境还可以作为梦女的感受来理解。也就是说，梦女每次与男人交往时，其实都是觉得很陌生的，当梦女试图进一步加深了解时，总是遇到阻碍，而且总是在梦女还没有反应过来时，意料之外的事情就发生了：“还没来得及联系上他，突然门就被打开了。”

梦女最后一句的解释还特别具有意义：“房子的结构是进门有一条走道，不能直接看到进来的人。”这句话表达了一种深刻的含义，表达的是当性行为发生时（门被突然打开，进门有一条走道），其实梦女对眼前的这个男人并不了解（不能直接看到进来的人）。

我们可以想象，对于梦女来说，其实每一次的交往都有一种无法把握的恐慌感。

“我听见沉重的脚步声一步一步走近，顿时有心要从嗓子眼跳出来的感觉，心想历尽千辛万苦地躲藏、逃命，难道真的就要这样不明不白地被人灭口了吗？心中忐忑不安，希望进来的这个人是可以救我的人。随着脚步声越来越近，我的心也揪得越来越紧，然而我看到了一只举着黑色手枪的手，顿时绝望得大哭起来……”

这一段是整个梦境的画龙点睛之笔，梦女每次渴望遇到了解自己的人，“心中忐忑不安，希望进来的这个人是可以救我的人”。梦女希望遇到自己的真命天子，然而，结果呢？却一次又一次地失望。每次看到的都是“一只举着黑色手枪的手”。我们可以理解，每次梦女遇到的都是一只“黑手”，都另有目的。这句话暗指，每次除了性，就没有别的了，所以，被梦女定义为一支“黑色”的手枪。在这种情形之下，梦女怎么能不“绝望得大哭”呢！

对此，梦女有一种强烈的失落感，所以在梦境的最后，梦女“醒来后心情一直不能平复，很想知道最后的结局，想要看清进来的人，但醒了，梦不能继续了”。她对过去的事耿耿于怀，想要将这些事情搞清楚，但是“梦不能继续了”。其实，岂止是梦回不去了，过去也回不去了。

在部队期间的多次性经历造成的心理阴影，潜藏在梦女的心中，让她备感压抑，本来这些经历只是情绪上的，并不是心灵上的，但是，前男友的质问导致了梦女的自我怀疑，改变了对自己过去行为的认知，将本来尚算正常的男女两性交往与潜意识中的低自尊联系起来，将之定义为“垃圾”行为。然后，对自己的这种垃圾行为心怀忐忑，生怕被别人知道了，从而成为带来巨大压力的心灵秘密。

现在，梦女有了新的男友，感情应该也很好，因为从对话中我们知道梦女下了结婚的决心。但是，从前的“不可告人”的秘密压在梦女心头，使她一方面感到自己为人很“不齿”；另一方面又对未来没有信心，觉得自己就是这样一个没有自尊的人。这样的心理势必会影响梦女与新男友的婚姻和她的个人幸福。

我想告诉梦女的是，过去的属于死神，未来的属于自己，每个人都会犯错，不要用过去的错误来惩罚现在的自己，不要用自己过去的错误来惩罚另一个与这一事件无关的人，更不要让它影响未来。男女之情本来很正常，每一次的“失误”并不是每一次“失足”，而是在寻求真爱过程中的一次尝试。有些人幸运，一次就找到了。有些人辛苦些，要经历很多磨难才能够找到真爱。本来就已经够辛苦了，为什么还要折磨自己呢?

调整好心态，珍惜目前拥有的美好感情，面向未来，去勇敢追求你的幸福吧。前男友的质问，只是一个爱吃醋的男人的占有欲受到打击之后的喋喋不休而已，不用理会。

13.13 岁开始的怀孕恐惧——恐惧的到底是什么

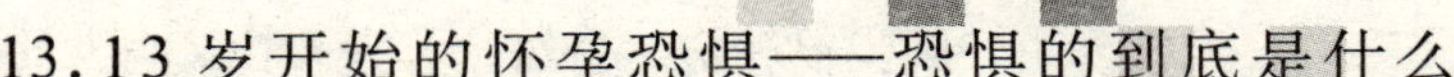

你担心过怀孕吗？怀孕的担忧困扰你和你的情侣吗？影响到你们的性生活方式并进而蔓延到其他的心理层面吗？如果你还是一个情窦未开的小女孩，或者说你还只是处女，却担心怀孕，是不是让人觉得匪夷所思呢？然而，人们有没有想过，这其中又蕴藏着怎样的心理创伤呢？

梦女是一位 80 后女生，未婚，有一件事情从小到大一直困扰着她，那就是对怀孕的恐惧。知道我解梦之后，这位梦女给我写了一封邮件，内容如下：

所谓日有所思，夜有所梦，自从我 13 岁成熟懂事以来，心里就有一种“说不出”的恐惧感，特别害怕自己“怀孕”。也许是因为在我成熟的那一刻，奶奶说了一句这样的话：“你现在是大人了！成熟了！可以生小孩了！”话音刚落，我顿时惊呆了，再加上当时那种复杂、害怕的心理，我抱着枕头痛哭。没想到，当天夜里，噩梦就降临了，我竟然梦到自己“怀孕”了，在梦里，我无助地哭着，等醒来时，枕巾已被湿透。

自那时起，像这样的梦，我常会梦到。有时，我梦到自己无缘无故地就怀孕了；有时，我梦到自己吃了别人给的东西就怀孕了；有时，梦到别人挺着大肚子，我就怀孕了；总而言之，很多很多，记不清了。

下面这个有关于“怀孕”的噩梦，是我前几天做的，现在还记得很清楚：

在梦里，我个子很矮，大概是 13 岁时的模样。我一个人在绿绿的田野里跑着、跳着，无拘无束，脚步很轻快。突然，一头又壮又高大的黑牛挡在我前面，我害怕了，于是拼命往家跑，一路上跑得很快，头也不敢回，一个劲地往家里跑，跑了很久才到家，这时，回过头看，还好，黑牛没跟上来。

正是吃饭的时间，一家人不出声地围坐在一张桌子旁吃饭。不知怎的，这时，我也围坐在桌子旁，和家人一起吃饭，当我准备夹起菜往嘴里送时，母亲出声了："你吃完饭，收拾一下，我带你去相亲。"这时不知怎的，我的嘴巴就是动不了，说不了话，只能两眼呆呆地望着母亲。母亲没理我，像没看到我似的，从盘子里夹菜吃。饭吃完了，母亲拿来一件花花绿绿的棉袄让我穿上，刹时，心里酸酸的，有很多说不出的话，因为我的嘴巴怎么张也张不开，好像被什么东西粘住了，我只能用动作来表达我心里的不满，我把棉袄扔在地上，然后用手捂住耳朵……

就这样，过了不久，不知怎的，我又穿着那件花棉袄跟着母亲相亲去了，走了好久，也不知道到了哪里，那儿有两条红色木板凳并排放着。"来了！来了！"母亲两眼眯成一条缝，打着手势，笑着大声喊。我抬起头，睁大眼睛看，可怎么也看不到那个人的脸，只能隐隐看到那人高大的身躯。

相亲之后，我和母亲回家了。回到家，我感觉肚子有点儿不对劲，鼓鼓的，我抬着头问母亲："妈，我这是怎么了，为什么我的肚子鼓鼓的。""可能是怀孕了！明天去检查一下。"母亲满不在乎地说。可我很在意，因为这关系到我的清白。

我好想为自己辩解，以便证明我的清白，可我说不出话来，因为嘴巴张不开，我急得像热锅上的蚂蚁，脸涨得通红，最后，我再也不能忍受这种无法言语的痛苦，我哭，我大声地哭，并且还拼命地拍打自己的肚子……

我就在这种不要命的拍打中醒来了，醒来之后才发现，我的手放在肚子上，并且感觉肚子隐隐作痛。

这是一个怎样的梦呢？为什么梦女会反复梦到自己在很小的年龄怀孕并且如此恐惧呢？透过这个梦，我们可以解开深埋在梦女内心深处的什么心理情结呢？说实话，在听完这个梦之后，我也是一头雾水，不知从何下手。

但是，我们仍然可以透过梦的内容所透露出来的信息来确定这个梦的主题。从梦的内容来看，这个梦是跟性有关的，因为梦境的起源似乎是跟性联系在一起的，源于结婚生育。对怀孕的恐惧实际上就是对性的恐惧，因为怀孕是性的结果。因此，我初步判断这是一个关于对性的恐惧的梦。梦女可能在成长过程中在性的方面受到过什么创伤。

那么，性的创伤会包括哪些方面呢？一般而言，主要是身体的创伤和心理的创伤。如果梦女在成长的过程中受到过上述任何一种创伤，都可能造成梦女对性的恐惧，并深深地影响她未来的情感和生活。

因此，如果要揭开这个梦，就必须从梦女那里获得更多的相关信息。我们先来看看梦女对这个梦的原因的猜测。

“也许是因为在我成熟的那一刻，奶奶说了一句这样的话：‘你现在是大人了！成熟了！可以生小孩了！’话音刚落，我顿时惊呆了，再加上当时那种复杂、害怕的心理，我抱着枕头痛哭。没想到，当天夜里，噩梦就降临了，我竟然梦到自己‘怀孕了’，在梦里，我无助地哭着，等醒来时，枕巾已被湿透。”

突然被唤醒了女性意识，很多人会不知所措，并伴有恐惧感。这可以说是女性成长过程中必经的生理和心理应激。而在这个应激事件中，梦女幼小的心灵没有得到正面的指导，反而是负面的刺激，这在心灵成长过程中留下了不可磨灭的阴影。

但是，为什么奶奶的一句“你现在是大人了！成熟了！可以生小孩了”会产生这么大的震撼力量，并让梦女当晚就做了第一个怀孕的梦？这里面一定有一些我们需要了解的背景。

据梦女介绍，奶奶是童养媳，大概在13岁就开始生育了（也就是梦女当时的年龄），并一共生育了9个子女。在小梦女看来，现在的奶奶体弱多病，肯定与奶奶过早地生小孩和生育太多有关系。所以，奶奶的一句“你现在是大人了！成熟了！可以生小孩了”会对梦女产生这么大的震撼力。

也就是说，当梦女刚刚被生理现象唤醒自己的女性角色意识时，就因奶奶的经历把自己跟女性角色中较负面的内容（过早生育和生育过多）联系在一起，从而使梦女对自己的女性角色产生负面的情绪体验以及对性的恐惧，害怕自己的成熟必然带来性的威胁。梦女害怕自己会重蹈奶奶的覆辙，从对怀孕的恐惧延伸到对性的恐惧。

当然，由于年龄尚小，梦女对性的概念很模糊。对于梦女而言，任何跟性有关的接触，包括拥抱、抚摸、亲吻等，都被梦女认为是会造成怀孕的接触，都是性的前兆和威胁，因此都被梦女列入抵制和防范的范围。所以“自那时起，像这样的梦，我常会梦到。有时，我梦到自己无缘无故地就怀孕了；有时，我梦到自己吃了别人给的东西就怀孕了；有时，我梦到别人挺着大肚子，就怀孕了；总而言之，很多很多，记不清了”。

这就使梦女对性的恐惧达到了神经质的地步，可以说是谈性色变，甚至泛化了性的概念，任何肢体的接触都被梦女列入性的范畴，都让她神经高度紧张。就这样，梦女用厚厚的心理防御系统将自己紧紧地包裹起来。

但是，我总觉得，奶奶的一句话有可能导致梦女当晚做自己怀孕的噩梦，却不太可能让梦女长期反复做这种怀孕的梦。要反复做这种梦，一定有更深的创伤。因此，这里面一定还有其他的原因。我们再往下看。

【梦境一】

“在梦里，我个子很矮，大概是13岁的模样。我一个人在绿绿的田野里跑着、跳着，无拘无束，脚步很轻快。”

这说明什么呢？说明梦女害怕长大，害怕身体发育、成熟，所以希望自己很矮、很小，没有女性身体特征，这样就可以掩盖自己的生理特征，让自己觉得安全和快乐。

与此同时，这也说明青春期的梦女发育得很好，可能对自己发育成熟的身体不知所措（因为会跟性或者怀孕联系起来），或者外界对自己成熟的身体过分关注（包括有意无意的玩笑或者恶意的调戏等），使其害怕自己的身体过分地发育、成熟。因为在梦女的心中，发育成熟的身体是与性和怀孕紧密地联系在一起的。

她的这种恐惧心理，一直延续至今。只有通过梦境，让自己回到身体还没有完全发育的阶段，只有在这个阶段，梦女才能够放松自己的心情，无忧无虑，轻松，快乐。

但是，梦境不会这么简单，越是担心的事越会发生。所以梦境一转：“突然，一头又壮又高大的黑牛挡在我前面，我害怕了，于是拼命往家跑，一路上跑得很快，头也不敢回，一个劲地往家里跑，跑了很久才到家，这时，回过头看，还好，黑牛没跟上来。”又壮又高大的黑牛是雄性的象征，而且是令人害怕和恐怖的雄性。因此，梦女在成长过程中一定受到过异性的骚扰甚至伤害。

跟预料的一样，梦女刚开始否定有这样的事情发生。这是可以理解的，一个正处在青春期的少女，对曾经令自己感到耻辱的事，确实是难以启齿的。但是，根据我的分析，我坚信发生过这样的事情，而且说出来对梦女是有益的，可以让她如释重负。于是，在我的坚持下，梦女最终讲了那件让她恐怖的事。

那时候的梦女还在读初中，但是身体已经发育成熟。梦女有一个表哥，很早就辍学，跟社会上的一帮阿飞混在一起，游手好闲，终日东游西荡。表哥经常带这帮狐朋狗友来梦女家打牌。其中有一个膀大腰圆，身上刻有文身的痞子，对梦女不怀好意，每次见到都要用邪恶的眼光盯着梦女，全身上下打量，对梦女发育成熟的身体，当众用戏谑的口气大声评论，并要梦女做自己的女朋友，让梦女感到羞耻和愤怒。每当梦女的表哥想帮她说几句，都被那个恶汉恶狠狠地给顶了回去。然而，更加可怕的事情还在后面。

在一个炎热的夏天，表哥又领着这帮狐朋狗友来家打牌，一个个光着膀子，穿着裤衩，露出文身。梦女觉得很害怕，也很无奈，只好远远地躲着。但是在家做事总是要走来走去的，当梦女经过他们坐着的桌子旁时，那个像恶魔一样的痞子突然一把抓住梦女，用力把她一下子抱到自己的大腿上，双手在梦女全身乱摸。在场所有的人都被这突如其来的举动惊呆了，更别说梦女了。

想想看，梦女从来没有跟一个异性如此接近，被强行按压在他的腿上，而且是一个光着身子、穿着裤衩的邪恶的男人，梦女感觉到他全身血脉贲张。而且，在单薄的裤衩下，梦女还可以隐隐约约地感觉到这个邪恶男人的生理变化。惊吓、害怕、羞耻感一起涌上来，梦女完全失去了意识，在旁人的协助下本能地挣脱出来，就像丢了魂一样，接下来的一整天都处于恍惚之中，觉得自己的清白受到了玷污。

这就是黑牛事件，这个膀阔腰圆、身上有文身的男人就是梦中对梦女虎视眈眈的黑牛。虽然黑牛并没有继续侵犯她，但是，这件事情对梦女的性心理成长以及对性的观念产生了很大的影响：梦女厌恶自己的女性体态（认为是自己成熟丰满的身材惹的祸），对异性不信任，抗拒与异性的亲密接触，甚至有恶心感，感到自己被玷污等。

当然，还有一件事可能也对少女时期的梦女的性心理发展产生了一定的影响，那就是她曾经无意中看到过父母亲热的场面。当时的梦女有一种深深的犯罪感和羞耻感，心跳加速，全身发抖，赶紧逃离，跑到晒谷场上的草垛后躲起来，心情久久不能平静。一直待到天黑，都不敢回家。后来是被家里人打着手电筒找到的。梦女说，那天晚上晒谷场上有很多野猫，叫声异常的凄厉和刺耳，让梦女觉得十分恐怖。但是，梦女仍然不敢离开草垛，不敢出来见人。以后几天，梦女在家里都是低着头走路和吃饭，不敢抬起头来看父母。

这些事件，都可能对梦女产生影响。虽然随着年龄的增长和知识、阅历的增加，梦女对这些事情已经能够理解和释怀，但是，童年的记忆就是这么顽固和难以抹去，它深深地扎根在她的潜意识中，不时出来干扰她。

接下来的梦境是相亲，我们来看看。

【梦境二】

正是吃饭的时间，一家人不出声地围坐在一张桌子旁吃饭。不知怎的，这时，我也围坐在桌子旁，和家人一起吃饭，当我准备夹起菜往嘴里送时，母亲出声了：“你吃完饭，收拾一下，我带你去相亲。”这时不知怎的，我的嘴巴就是动不了，说不了话，只能两眼呆呆地望着母亲。母亲没理我，像没看到我似的，从盘子里夹菜吃。饭吃完了，母亲拿来一件花花绿绿的棉袄让我穿上，刹时，心里酸酸的，有很多说不出的话，因为我的嘴巴怎么张也张不开，好像被什么东西粘住了，我只能用动作来表达我心里的不满，我把棉袄扔在地上，然后用手捂住耳朵……

从吃饭的气氛我们知道，这是一个传统、保守的家庭，家长对孩子很严厉，有封建家长作风。在饭桌上没有任何形式的交流。当母亲提出要带梦女饭后去相亲，而梦女不愿意时，梦女只能两眼呆呆地望着母亲，嘴巴就是动不了。这更折射出这个家庭的封建家长作风何其浓厚，小孩子基本上没有说话的份儿。在这样的家庭环境中长大的梦女，一定胆小、谨慎、爱清洁并且害怕犯错误。所以，前面所述的几件事件才会对她产生比一般人更加深刻的影响。

当母亲要求她把相亲的衣服穿上时，梦境中再次出现“嘴巴怎么张也张不开，好像被什么东西粘住了”，这再次反映出这个家庭是容不得反对意见的，子女对父母的要求言听计从，不能反驳，更遑论反抗了。所以，即使在梦境中梦女用掩耳盗铃般的行动作出了反抗（以为捂住耳朵就听不见了），但是最后还是乖乖地跟着母亲去相亲了。说明梦女是一个十分孝顺的好孩子。但是，孝顺得令人心痛。在对孝顺的理解上，梦女仍然没有摆脱传统的观念，把不违背父母与孝顺等同起来。因此，宁愿委屈自己，以牺牲自己一生的幸福为代价，也要满足父母的意愿。

我们继续往下看。

【梦境三】

就这样，过了不久，不知怎的，我又穿着那件花棉袄跟着母亲相亲去了，走了好久，也不知道到了哪里，那儿有两条红色木板凳并排放着。“来了！来了！”母亲两眼眯成一条缝，打着手势，笑着大声喊。我抬起头，睁大眼睛看，可怎么也看不到那个人的脸，只能隐隐看到那人高大的身躯。

相亲之后，我和母亲回家了。回到家，我感觉肚子有点儿不对劲，鼓鼓的，我抬着头问母亲：“妈，我这是怎么了，为什么我的肚子鼓鼓的。”“可能是怀孕了！明天去检查一下。”母亲满不在乎地说。可我很在意，因为这关系到我的清白。

我好想为自己辩解，以便证明我的清白，可我说不出话来，因为嘴巴张不开，我急得像热锅上的蚂蚁，脸涨得通红，最后，我再也不能忍受这种无法言语的痛苦，我哭，我大声地哭，并且还拼命地拍打自己的肚子……

我就在这种不要命的拍打中醒来了，醒来之后才发现，我的手放在肚子上，并且感觉肚子隐隐作痛。

睁大眼睛也看不清那个人的脸，这是一种回避，因为在做自己不愿意做的事情，所以宁愿什么也没有看见。然而即便如此，一回家后就感到自己怀孕了。也就是说，梦女对异性的恐惧，已经扩散和泛化了，已经到了不用接触，只要看一眼就觉得会怀孕的地步了。

下面这一段也很关键，梦女对自己的清白很在意，她认为跟异性接触就是不清白，怀孕了就是不清白。这充分反映出，在她的成长过程当中，发育成熟的身体遭受了外界很多的嘲弄和恶意，对她造成了严重的心理阴影。在她幼小的心灵中，形成了丰满身体——性——怀孕——肮脏错误的关联，这种关联深埋在她的心底，伴随着她成长，并一直延续到现在。

“就在这种死命的拍打中醒来了，醒来之后才发现，我的手放在肚子上，并且感觉肚子隐隐作痛。”让我们可以深深地感受到梦女那种强烈的恐惧感。

即使到了现在，梦女已经有了更广阔的视野、更丰富的知识（包括性的生理和心理知识），但“恶魔”仍然潜藏在她的心灵深处，并经常在梦境中显现，让她对爱和异性仍然怀着很大的恐惧，不能投入地去爱，去享受她应该享受的肌肤之亲的快乐。

最后，梦女跟我讲，至今她都没有谈过恋爱。由于家境贫寒，父母一直希望她早点儿嫁出去，一来可以减轻家庭负担，二来如果找到一个条件比较好的，还可以接济家里，所以仍然经常安排梦女去相亲。梦女很矛盾，一方面家庭确实困难，看到父母如此辛劳心里很酸，想要给父母减轻负担，让父母拥有幸福的晚年。但另一方面，相亲的对象虽然条件好，但自己并不喜欢，梦女不想委屈自己。梦女因此处在两难处境中。

这已经超越了解梦的范畴，但我仍然可以给出我的忠告。

我的忠告是：孝顺的途径有很多，你有很多选择，但不能牺牲自己的婚姻幸福来成全愚蠢的孝顺。否则，这是不道德的，会痛苦终身的。

我衷心希望梦女能够摆脱过去的阴影。毕竟，一切都已经过去，而且梦女并没有过错。她应该积极把握自己的情感和生活，去追求属于自己的幸福。也祝愿她的家庭早日摆脱贫困，过上幸福富足的生活。

但前提是，她不能牺牲自己的幸福，她的父母也不能以牺牲女儿的幸福为代价。

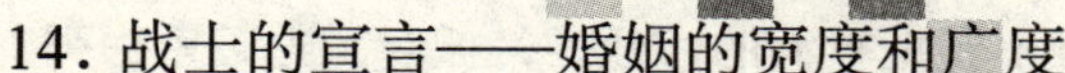

14. 战士的宣言——婚姻的宽度和广度

如果有人要问，婚姻中最不能容忍的是什么？我相信很多人会回答：出轨。那么，如果要再深一步问，如果只能容忍一种出轨，那么，你是愿意容忍精神出轨，还是愿意容忍肉体出轨？估计绝大部分人都不知道怎么回答。如果我们反过来问，出轨真的那么可怕吗？婚姻中爱的本质是什么？是占有，还是宽容？

一位80后梦女给我写了一封信，讲述了她的一个梦境，下面是她的叙述：

我的职业是经济犯罪侦查警察，有军人的从业经历。这两天去外地参加表弟婚礼，很累，早上坐火车回来，睡了一天，做了很多梦，但只记得这个梦。

梦见我走出酒店门，遇到一个女同学，她的老公因经济问题取保候审。跟在她身后的联络人，是我在部队的同学。我对他说，我知道你在和谁做生意了。

跟着联络人走入酒店，同学变成另一个人，似乎是以前部队的主任，举枪对准我，要向我射击，我退后，卧倒。回身看到有人从地上给我滑过来一把枪，我开枪，小喽啰都应声倒地，就是那个拿着枪的总打不死。

我走进他到的房间，把手机打开，握在手里，手机变成免提，有个女声问：“喂，谁啊？”开枪的那个人质问我拿手机干吗，我一边向身后藏，一边掩饰道：“没有啊，没和人通话啊。”房间电视的声音变得很大，帮我掩饰。后来我觉得可能无法呼救，干脆把手机拿在嘴巴旁边对他说：“你看你要杀我，我真没呼救。”他发现我在骗他，要杀我。

我看到桌子上有把很大的西瓜刀，抓起，先下手为强，捅到他身上，怕他不死，又划了几刀。旁边还有一个女的帮他，我也捅了三刀。打斗的时候我想，我终于没事了，但是杀了两个人，就算要上法庭辩护自己是自卫，在上法庭之前也无法取保候审了，要待在看守所。我决心立刻报警，保护现场，并且老实地配合有经验的警员作笔录，我觉得自己会无罪释放的。

做梦当天大抵的情形是这样的：表弟结婚，我和妈妈去参加婚礼后坐夜班火车回来，身体很累很困，在出租车上看见车站门口有人吵架打斗，拍了照片，想在微博上发布。后来，想到这是突然事件，而且很快就平息了，就作罢。回到妈妈家，感觉体力严重透支，决定不上班了，洗完澡睡觉。中午起来吃饭，看到微博上我喜欢的人居然问我到家了没有，这让我很开心。吃饭后继续睡，醒来三次，醒来就在微博上聊会儿天，然后继续睡，觉得不能跟我喜欢的人见面有点儿难受。

晚餐期间，老公来接我回家，在妈妈家吃饭，玩微博，这时候我喜欢的人打来了电话，觉得他喝完酒后说话很粗暴，还有点儿伤心。晚上回到家后，便开始洗澡，收拾屋子，洗衣服，晾衣服，之后发现一个未接电话，是我喜欢的人打来的，可当我打过去后，他却说他睡了。之前很不客气地挂断他的电话，他居然没有生气，还给我打电话，我觉得很开心。睡前继续看关于温州动车事件的报道，觉得真的需要打假了，太假了。

最近发生的事情是这样的：兰州的表弟结婚，我和妈妈去参加婚礼，看到表弟好不容易结婚，找到了自己爱的人，觉得很开心。整个婚礼过程，感受到表弟家的舅舅和姨妈都很团结，家庭氛围很温馨、这令我很羡慕也很感动。婚礼时跟表弟的同学朋友们在一桌吃饭，并发现他们都是高才生，这让自己有点儿自卑，但这次婚礼之旅总体而言还是十分愉快的，感触很多。

说到我喜欢的人，这个男孩是我在微博上认识的，很喜欢他，非常非常喜欢他，即使和他没有结果，我也愿意无怨无悔地爱他。从五月份开始便想跟那个男孩结婚，但我知道这基本不可能。虽然这种爱情很辛苦，不会得到幸福，结局也不会好，甚至可能会让我后悔，但我不在乎，还是想跟他结婚，不知道为什么会这样。最近有特别想生孩子的冲动，是不是因为我的母爱的激发才会这样？不过最近身体不好，急性膀胱炎，要休息20天，我想病好了以后就可以生了，这样是不是会体验一种新的人生经历呢？

还有工作的事，现在被调离原来岗位，要去看守犯人，工作一天，休息三天，很无聊。想回到原先的单位上班，继续做经济犯罪侦查警察，那样的话，人生会更有价值。

以上就是梦女的叙述，信息量很大，也很杂乱。乍一看，似乎与梦境搭不上界，但是我们仔细来看梦境，就会发现梦境有一条明显的主线，沿着这条主线有一系列的次主题，这个路径是：发现隐情——遭受追杀——奋起还击。这样的主题在职场中经常遇到。

在梦女叙述的开头，她是这样描述自己的职业的：“我的职业是经济犯罪侦查警察，有军人的从业经历。”但是，从她后面的详细描述中我们得知，经济犯罪侦查警察是原来的职业，并不是现在的职业，现在的工作是看守犯人，被梦女认为是一种无聊的工作，没有价值。梦女对自己目前的工作不满意，在这种情况下，她很容易从工作中挑出刺来。而这种不满情绪很容易被现在的领导察觉，梦女也一定能感觉到这点，于是内心中产生这样的英雄情怀：如果有一天领导想怎么对付自己，自己是绝对不会束手就擒的，一定会奋起反击。

梦女有过部队从业经历，并且喜欢有挑战性和有价值的工作，是一个自尊心很强的女孩，会产生这样的英雄情怀不难理解。

除此之外，还有一种可能，那就是梦女过去做经济犯罪侦查警察时，可能因为心直口快得罪了原来的领导，或者跟原来的领导发生了冲突，从而导致工作变动，因此梦女通过梦境来发泄这种压抑和不满情绪。

如果只是简单地解这个梦，可以到此结束了。

然而，这个梦真的就这么简单吗？从梦女提供的信息中我们可以察觉到，这个梦似乎没有那么简单，而是掺杂着很多其他的事情，因为在做梦期间发生了很多很杂乱的事情，而在叙述中，梦女并没有过多地叙述自己工作上的困境，而是讲了很多与情感相关的事情和感悟。因此，我们不得不将注意力转向这个方面。

就梦境而言，这个梦境的情节其实十分简单，我们如何来寻找线索呢？最有效的办法就是从导致梦女心灵驿动的事情入手。

从梦女的叙述来看，当天有两件事情令梦女受挫。第一件是梦女在火车站看到了一场打架斗殴事件，梦女很感兴趣，拍了照片，准备发到微博上，但后来因为事件很快就平息了就没有发；第二件是梦女回到家在睡觉的时候，看到自己喜欢的人在微博上问自己有没有到家，感到很高兴。但这件事情又带来一个副作用：不能跟自己喜欢的人见面让梦女觉得很难受。

近期让梦女感到受挫折的事件有三：第一件是梦女的工作受挫，调离了自己喜欢的、体面的经济犯罪侦查警察工作，去做看守犯人的工作；第二件是在表弟的婚礼上跟大家坐在一起吃饭时发现在座的都是高才生，令梦女产生了自卑感；第三件是受急性膀胱炎的影响，必须禁欲20天。

除了受挫事件之外，我们还要考察触动事件和渴望事件。这几天对梦女最大的触动事件是表弟结婚，找到了自己真心爱着的人，梦女感受到了那种幸福感。第二个触动事件是从微博上看温州动车事件，觉得太假了，要打假。

渴望事件有三：第一是渴望跟自己喜欢的人结婚，即使会很辛苦，会不幸福，结局不会很好，可能会后悔，但是也愿意；第二是希望尽快调回原来的岗位，恢复价值感。第三是想生一个孩子，这样就会有新的人生体验。

但是，到底跟谁生呢？梦女似乎犹豫不决，如果是跟老公生，那就意味着希望自己能够彻底稳定下来，不再在情感上波动；如果是跟喜欢的人生，那就意味着有强烈的爱情渴望，希望为了爱付出更多。然而对于梦女来说，似乎只对生小孩这件事情比较确定，但是对于跟谁生，似乎并不是那么确定，而是处于左右摇摆之中。

我们将所有的这些事件调查清楚之后，就会在心中产生一个疑问：这个梦究竟表达了梦女怎样的情怀呢？

看来必须寻找新的信息。我进入到梦女的QQ空间，发现了梦女在当晚写的一篇文章，这篇文章似乎向我们指明了这个梦的方向。下面是梦女的文章：

关于人性之恶，我想我们都明白，这世界上哪有不为自己考虑的人呢？哪会有人傻到明知什么也不会有，还要引火自焚般地去爱另一个人呢。但是真的爱上了，已经选择了，已经决定了，已经没办法了。

第一次听到你的铃声《重来》，我想起了三毛六年后对荷西说，可惜我不再是以前的我，现在的我遍体鳞伤。有什么样的过往，有什么样的故事，有什么样的难忘，我都不关心，不在意。让我心痛到流泪的，是你那深不见底的柔软心脏受了伤。这种感觉，不是献祭啊，你的伤痛，那一道道的伤痕，想用身心血肉去抹平！你的伤，比在我心里还让我痛！痛到眼泪不停地流，辗转反侧不能释怀，你让我怎么能放下你？

亲爱的，我就是想要你幸福！我就是想要你开开心心！我就是想要你在每个伤怀的夜晚，都有人悉心呵护。我就是要你一世无忧！这就是我霸道的任性！你幸福是我最大的愿望。觉得奇怪吗？觉得难以置信吗？一个人爱另一个人，怎么可以爱到忘了自己的地步？为了你，鞠躬尽瘁，死而后已。为了你，肝脑涂地，无怨无悔。只要你幸福，其他人又算什么？我连自己都可以牺牲，其他人又算什么！

这是，战士的宣言！

亲爱的，只要我爱你，只要我还可以爱你，只要还被允许，有这份爱，我就够了。不需要你给我什么，也不需要你去牺牲什么。我说过了，爱很累，我来就好，你只要喜欢就可以了。对于我，你真的不用去考虑那么多，你只要知道有人爱你就够了。我知道你总希望大家都开开心心的，谁也不会受伤害。亲爱的，我帮你决定：不要怀疑了，这份爱，请微笑接受，不要犹豫。

你给我听着，你要好好活着，活得开开心心的，人人都爱你、宠你，失意时有人安慰你，生病时有人照顾你，开心时有人与你分享，一世被人崇拜，永远与苦痛无缘！我爱你，最爱你了，无论你是什么，你做什么，我都支持你，我对你的承诺，我一直在做，我做到了，以后，也将每一天每一天地做下去，不说永远，只说每一天。答应我，不许伤神，不许苦恼，你也答应我了，你有爱人你会告诉我，我记得。你说的每一句话我都记得。认识我的人会吃惊的，几秒钟前说的话都能忘了的我，会记得这么清楚，因为我爱你，你在我心里，你深深刻在我心里。

给不了，就不用费神去给，只要享用就好，你不是神，你不能面面俱到。八面玲珑是以牺牲自己为代价的，牺牲了还不被理解，有多痛，我懂。你只是想要人陪，想要大家都开开心心，我懂。成熟的爱，不是占有，我知道，你分得清爱情和友情。你有你的抱负，去做。我知道你会成功的，让你离开你的世界，你会难受得要死。所以，只要享用就好。

你问为什么是你？爱上了就爱上了，已经这样了，已经被我这样的傻瓜爱上了，没有办法了。

看了这篇文章，我深深地为之动容，这是多么纯粹的爱情啊，毫无保留，绝无功利，飞蛾扑火，勇往直前——这就是梦女的情怀，梦女的爱情宣言——就如同梦女自己所说的：战士的宣言。

看了这篇文章，我们再回过头来看梦女的梦境，我们发现，这一梦境不正是“战士的宣言”的舞台版吗？虽然梦境制造了扑朔迷离的故事情节，但其中表现出来的，不正是如“战士的宣言”般的英雄情怀吗？梦境中，梦女是为了反抗而奋起还击，现实中梦女不也正面临着很多需要反抗的事情吗？特别是在自己的情感生活中，对于一个已婚女性来说，梦女要反抗的不是很多吗？梦境中，部队的主任拿着枪，代表的是生杀大权，象征社会权威，也许是梦女父母或者她喜欢的人的父母的象征。梦境中，梦女可以很容易地击毙喽啰，这表明的是梦女根本没有把一般帮腔的人放在眼里。但是，对于权威，梦女却感觉到了某种艰难，因为权威是怎么打也打不死的。

梦境中，为了帮助犯了罪的老公，女同学做秘密交易，而现实中婚外情其实也是一件秘密事件，虽然这件事情在梦女老公这里得到了最大的宽容和理解，但仍然是一件不可外传的隐秘事件。

对于任何一件带有隐秘性质的事情，我们都会在潜意识中产生“迫害臆想”，因为既然隐秘，那一定有某些见不得人的地方，我们就一定会想到如果被人发现了怎么办，这就是一种“迫害臆想”。对这一秘密事件，梦女的态度是怎样的呢？梦境中的部队主任等都变成了假想敌，可能有寓意，比如说原来单位领导对自己不满；或者社会体制，或家长想要压制这件事情（拿着枪向我射击），梦女不愿意束手就擒，于是反抗（拿枪还击）。但是有些人和事还好对付（小喽啰应声倒地），但是有些人和事却并不好对付（拿着枪的怎么打也打不死）。

走进房间之后，手机变成了免提，有个女声问：“谁啊？”在这里，手机变免提，有隐情被公开的寓意，寓意着似乎有很多人知道了梦女的婚外情事件。那句“谁啊”其实也是梦女对自身身份的反问：我到底是谁？

我的身份到底是什么？

在这种对自己的身份存疑的情况下，梦女更是意乱情迷。因此，梦境中的情景也就更加混乱。梦女在“迫害臆想”的潜意识支撑下，奋起搏击，用刀杀掉对手。

在搏杀中，梦女都是捅了三刀，“三”这个数字似乎寓意着“三角关系”，刀子也是三角的。用刀拼杀而不是用枪打，似乎也传达了“情场相争，刺刀见红”的意思。

最后，“梦女要上法庭辩护”，寓意着梦女觉得自己没有错，想要据理力争。但“之前无法取保候审，要待在看守所了”，表明这件事情可能被“管制”了，在问题没有解决之前，梦女似乎无法与“他”相见了。梦女配合有经验的警员作笔录，表明梦女曾经向有类似的经验的好友咨询过，梦女并且认为自己会“无罪释放”，寓意“爱情无罪”。

需要说明的是，梦女在梦中的杀人，并不具体针对某人，而是针对整件事情。

在对这个梦进行基本的分析之后，我与梦女又进行了一次对话，这次对话让我了解了这个梦境背后的一些事情。

梦侦探

作为第一次深度解梦，你算是很真实和坦诚了，但是还缺乏经验，以后会慢慢好的。

狸猫

谢谢，你是心理医生嘛，当然要坦诚了。

梦侦探

真实的原因可能是你的感情焦虑，可能是你当天晚上跟他通电话的事件引起的。你没有详细交代当时通电话时的情形，因为当时你老公来接你了，那个过程是怎样掩饰的，而你的老公是否怀疑你，这个过程可能才是梦境的主要触发原因。

狸猫

嗯，感情这件事情我一直放在心上。当时我老公在我身边，他打来电话，但我那时已经做完梦了。我老公知道有这样一个人，并且知道我爱这个人。

梦侦探

你的梦大概是什么时候做的？

狸猫

应该是下午五六点左右。

梦侦探

看来你老公很成熟，他可能认为你只是情绪波动，你老公应该比你大很多吧。

狸猫

原来他认为这只是我的情绪波动啊？可能我经常这样他习惯了吧。实际年龄大两岁，但心理年龄应该大很多，六七岁都有了。

梦侦探

你的梦中，说的是经济犯罪，这跟你的职业有关，有这样的联想很正常。但是，总体而言，它是你内心的情感呐喊。你内心的情感需要发泄出来，你要反抗，你甚至在潜意识中有为了这段情感放弃一切的冲动，虽然你不一定会这样做。

狸猫

对，我想放弃一切，也知道不太可能。其实，关于这个男孩，我还做过一个直接梦到他的梦，有机会再对你说。我向这个男孩大概提过，但没说透。我也知道我和他不可能有结果，双方都不会放弃自己的生活。

梦侦探

你觉得你老公是如何看待你的这份感情的，他有什么样的表现？你对他的某些表现有什么不满意吗？

狸猫

他觉得我还是和以前一样，过去就过去了。他重视的是事业，他觉得有经济基础才有爱情，爱不是说出来的，他很实际，但不够关心我的感情世界。他努力工作，给我自由，任凭我去玩。

梦侦探

这样的男人很好，你要珍惜。

狸猫

我知道他是好男人。

梦侦探

你现在的工作做些什么呢？

狸猫

现在算是看管犯人，很闲，上一天班，休息三天，很无聊，没有成就感。

梦侦探

如果梦中的那个女同学是你自己的影子，你觉得自己跟她有什么相似之处？

狸猫

关心老公？现实中那个女孩的老公被抓了，她问我如何把人先救出来，还嘱咐我不要告诉别人。我在梦里碰见她，问她老公如何，她说已经放出来了。

梦侦探

但现实情况并没有放出来？

狸猫

现实情况我不知道，没有继续问，因为她好像不希望我知道太多，不想家丑外扬吧。

梦侦探

在现实中你还发现了什么其他方面的秘密吗？

狸猫

没有，任何人吗？我觉得那个男孩很脆弱，这是他竭力隐藏的。

梦侦探

还有一种情况，是你的一种自我感知，你觉得自己这样跟老公在一起很不好，觉得自己有问题。比如，觉得自己可能因为经济方面的原因跟老公在一起，而不是因为爱情。这让你有一种冲动，决心为了爱情作出牺牲。

狸猫

实际上我和老公在一起8年了，从一无所有到现在什么都有，但爱情却慢慢消失了。我想守护那个男孩。第一次喜欢老公之外的男人，并想和这个男人结婚。真的有点儿说不清楚这是怎么回事。

梦侦探

我看了你在QQ空间里写的日记，写得很感人，应该就是做梦前后那几天写的，表达了你内心压抑的情感，为什么会写那篇文章？

狸猫

对了，就是那篇文章，写给那个男孩的，就是约定，我会一直爱他，守护他，给他不变的爱，让他安心，当然不排除这里面有我的母性成分。那个男孩太敏感、太脆弱，我就是想爱他。也许，我该要个孩子了，以便释放母性。

梦侦探

你见证了表弟的婚礼，又看到打架事件，特别是温州动车事件让你想起的打假，你会觉得感情这件事情也需要打假，要去追寻内心的呼唤。你的同学为了她老公不顾一切地奔波，其实你也希望自己有一个可以让自己不顾一切的深爱的人。这些因素，诱发了你的梦。

狸猫

也许吧，但我不认同，我觉得自己没那么伟大。

梦侦探

从你的日记看，你是一个很有激情的人，你现在是理性的，所以这么说。梦境会杜撰一个事件来满足自己的英雄情怀，特别是你所处的环境，不是部队，就是警察，更容易激发英雄情怀。梦境的最后，你说你觉得自己会被无罪释放，它的寓意就是：爱情无罪。

狸猫

也许是吧，我可以为了他放弃家庭，但我不会放弃工作，所以也不算是完全的英雄主义情怀。

梦侦探

因为压抑情感在梦中得到了释放，所以现在你感觉比较畅快。不要以为，只有很大的事情才会这样，有时候很小的一件事情，在梦境中都会酿出巨大的动静，梦境会把现实中的事情放大很多。

狸猫

也对。其实我对这个梦真的没什么别的想法。

梦侦探

或者这个梦与性有关？

狸猫

没有啊，没有特别的渴望。我对自己的内心需求还是挺诚实的，想要什么就直说了。梦中之所以有刀、枪之类，我觉得那是为了表达捍卫什么和保护什么的意思。

梦侦探

这个梦解到这里，可以结束了。它可能与你在职场上受挫有关，也可能与你在情感上受挫有关。也许，我的解梦分析并没有触动到你心灵深处的某个点。不过，没有关系，有些梦本身就是无解的，或者多解的。但通过解梦，我们进行了一场心灵之旅，这就够了。你有时间再想想，有什么新的信息和想法，可以随时联系我。有很多梦者都是在后来的某一天，突然想起某件事情，然后告诉我，我再进行分析，这样才能真正揭开梦境的真相。

15．双重的梦——我们的爱情是如何萌芽的

爱情是永恒的话题，在爱情这一话题中人们最常谈论的是性，而最容易忽视的是心灵的沟通。其实，性与心灵对于爱情来说，犹如一对孪生姐妹，形影相随，难解难分。当人们坠入爱河时，又无法分辨到底是因心而爱还是因性而爱。那种无尽的爱的感觉，真的很美妙！

这是一个很精彩的梦，读来引人入胜。当我读完整个梦之后，觉得意犹未尽，竟然忘了这是一个还需要我来解的梦。但是有时候你又会觉得这不是一个梦，更像是一个故事，或者是小说的情节。这正是这个梦的精彩之处——亦真亦幻，似梦非梦。

有时候想想，梦是多么奇妙的人生旅程啊。在梦里，我们可以天马行空，无拘无束；我们可以让讨厌的人倒霉，我们可以和暗恋的人相会。

前一段看到一句关于梦的话："白天是梦与梦之间的无聊时光。"很精彩。按照这种说法，梦是人生重要的组成部分。如果没梦，岂不是很无聊？

好了，言归正传。这个梦女，以前我也给她解过梦，这是一个精神世界十分丰富的大三学生，内心敏感细腻，文笔流畅，颇具艺术才华，胸怀中国传统文人常有的悲天悯人情怀，内心富有诗意。说到诗，我看过她写的一些诗，她的诗既简洁又隐晦，角度独特，让人琢磨不透。

下面是她给我发来的邮件的内容：

我做了一个双重的梦，是以前从没做过的。我估计是从中午一点钟开始睡觉的，睡到了下午四点钟。在下午两点钟的时候，我挣扎着准备起床，挣扎着看了看时间，才下午两点过几分，身体似乎被束缚住了，怎么也起

不了床。我想干脆就这样继续睡下去吧！像死了一样继续睡下去吧。于是又安心地躺下，那一刹那，感觉整个人身体与心都在下沉，沉到什么深渊里去了。

梦的开始我躺在床上，身边似乎躺着我的男朋友。似乎这又不是梦的开始，我只知道我梦到自己在梦里做了这样一个详细的梦，并打算把它告诉给我的男朋友。我跟他说我做了一个奇特的梦，但接下来我似乎并没有叙述这样一个梦，所以我很茫然：到底是我梦到自己在梦里做了这样一个详细的梦在前，还是我的叙述在前，或者二者同时发生？

我梦里的梦，是一个少女常常走到一个神秘的地方，那似乎是水的世界——他的王国。她去与他相会，这个少女似乎从很小的时候（几岁吧）就开始到这个神秘的地方。曾经有人跟踪过她，那时候，她还很小，当她快要进入那个通向另一个世界的黝黑的洞口时，她像女王一样对跟踪她的人说：“你们是不可能进入的，那是他的王国！你们会被杀掉的……”

当她长大成少女时，她依然进入他的王国，不知为什么，此时她身边多了一群人，其中还有少女的父亲……以前跟踪少女的人，似乎也终于闯进来了。谁知道呢？总之这是他的世界——他的水世界，任何事物，只要含有水，就会毋庸置疑地被他控制。

少女担心这一群人的安危，似乎她已经能预见他们终将被杀害。这是不错的，因为他是要绝对地拥有她的，毋庸置疑。她去祈求他放过他们，放过她的父亲，让他们离开这个世界。他说好！但还是必死无疑，并且死亡的方式早已被预见——这是我这旁观者的想法——这群人被带出那个世界，可是他们终将死去。

看吧，当他们刚离开那里，血如水般从他们身体里喷涌而出，他们相继在少女的身后倒下，除了少女的父亲。但是少女的父亲又如何能避免死亡呢？死亡的气息已经开始弥漫，在他的脖颈处，有一个小口，但那已足够让血如小河般源源不断地流出，以一种自然的方式，不令人察觉的方式。

少女愤怒了！她质问他："除此之外，你还能怎样呢？除了利用水以外！"她要离开他，他没说话，乘着一股黄色的水流远去……作为旁观者，我知道他终将回来，以另一种面目，但实质不会变，他会回来找她……

接下来，又回到我和我男朋友躺在床上，我们继续聊着天。不知道我说了一句什么话，让他很兴奋，他要跟我做爱。他迫切地想要脱去我的衣服，我在笑，告诉他不要急，同时我也在给他脱。当我们都赤身裸体时，我看到他的"香蕉"昂然挺立在我的面前，它很大，我抓住了它，抚摸着它，感觉到它的硬挺……我亲吻它，它被我亲吻得很兴奋，不停地上下抖动……令我好奇的是，它竟然没有小"洞眼"……最后，我们并没有做爱。

当然这期间有个小插曲，但忘了是什么时候发生的：我叫他把门关上，把窗帘拉上。他先关上了门，但窗帘是那种拉线控制的，拉线它就放下或收起。但他拉得不好，似乎总是拉反了，而这让我们暴露得更多。窗外有几个女人，告诉我们该怎么拉，于是我帮他理出已经有些缠绕的线，我找出其中一根，把它松开，最后窗帘终于落了下来。

后来，他对我说，这一切是他的一个好朋友给我们准备的。这个好朋友跟他差不多，虽然在经商，但也有自己想要做的事。他还说，他这个好朋友比他做得更好，他这个好朋友同时也在努力地做自己喜欢的事（似乎男友自己并没有这样做），并且让朋友们来代他享受，似乎这样他会从中得到乐趣。这位好朋友虽然很努力地做自己想做的事，但似乎并没有足够的时间来享受……他觉得这样很好，但同时也有些遗憾。

然后是另一个场景，我在给朋友们讲述我男朋友的这位好朋友。我高兴地说着，同时又有所保留。我似乎站在一个高处，我说的时候，指着对面一座很高但未完工的建筑，意思是那处建筑就是这位好朋友负责的，他似乎能把两者都处理得比较好。我不知道，我为什么要给朋友们讲这些。

后来我就醒了……

这就是全部的内容，你能从中理出头绪吗？

当然，如果单有这个梦境，没有其他的信息，估计神仙也解不了这个梦。因此，我必须了解更多的关于梦的背景和其他的信息。

好在这位梦女对我一贯坦诚，很少隐瞒。她对我说了在做梦前的那天晚上发生的事情，她认为这个梦境与那天晚上的事是有关联的。但是，她不知道这个梦境隐含的更深层的意义。

为了解这个梦，我跟她多次进行沟通，通过她的叙述，通过她对我的问题的回答，我们终于慢慢揭开了这个梦神秘的面纱。

下面是这个梦的背景：

那天晚上，有美丽的月光，男朋友出差回来看望她。

一年前，梦女认识了她现在的男朋友，一位30多岁的白领——这是她的第一个男人。当时为什么会跟他走到一起，她到现在也想不清楚。当时对他的感觉是，既不特别喜欢，也不特别讨厌，有点儿好奇，感觉他有点儿神秘感。也许是处于青春期，渴望异性的关怀。跟他认识时，他对她特别关注（谁都希望被人关注啦，特别是对青春期的丑小鸭来说），还有可能是反叛心理使然，渴望长大，渴望摆脱家里的管束。总之，在平淡的生活中注入一丝激情，总是令人兴奋的。

男朋友在IT行业的技术服务部门工作，需要经常出差，所以他们见面的次数也不是很多，而且每次见面时间也不会很长，男友最多待两三天就又要出差了。这让梦女觉得每次见面都很匆忙，分不清见面与分离，分不清到底哪个是真实的，哪个是虚幻的。

这既增加了梦女对每次见面的期盼和憧憬，因为与男友的肌肤之亲能让梦女体会到一种真实的存在感，但又平添了男友离去后的空虚和寂寞感。

特别是，这让她觉得男友留给她的印象是陌生、模糊的，男友对她而言，就像是梦境中的一个虚幻的人，她有时候甚至不知道这个男人是不是真实地存在。

和他相处之后，梦女虽然能获得一种兄长般的关怀和体贴，享受到特别的宠爱，但总觉得男友和自己是两个世界的人。自己过的是单纯的大学生活，自由、散漫、茫然而充满幻想，有时会很极端，对很多事情看不惯，或找不到答案；男友过的是世俗的社会生活，紧张、忙碌，圆滑而理性，崇尚的是存在的就是合理的现实哲学。因此，梦女总觉得自己无法在精神世界与男友沟通，而梦女天性就是一个精神世界极端丰富的人，敏感而多愁。

梦女常常觉得自己生活在男友庞大理性的阴影下，无论她说什么，都会被男友以嘲笑的口吻嗤之以鼻，认为是小孩子不成熟的想法。有时候她实在忍不住了，就神经质地发泄出来，甚至想摆脱这种无形的网。但是，男友并不跟她一般见识，待她生完气后，仍然像什么都没有发生过一样依旧宠爱她。

梦女总觉得，自己生活在男朋友有意无意编织的一张巨大的无形的网中。男友的理性、包容和对局面的把握，就像是一张巨大无形的网，宽松、透明，可以很自由，但是逃脱不出去，不是身体逃脱不出去，而是心逃脱不出去。

其实，男友对自己很好，满是关怀、爱护和疼爱，让自己能感受到从来没有过的温柔和被重视。在性的方面，也越来越让自己觉得惬意和满足。男友具有丰富的性经验，温柔而不失激情。在男友的调教下，自己也由懵懂少女变成女人，内心深处的女性意识开始萌生……

那天晚上，男友是和他的一个好朋友一起来的。他们俩经常在一起。三个人一起吃饭。饭后，像往常一样，仍然是男友的好朋友埋单。这件事也让梦女一直很困惑，为什么每次埋单的总是他的好朋友，男友从来没有埋过单，而且这个好朋友就像男友的跟班一样，每次出去玩，都是他在前面张罗，忙前忙后，而男友就像主人或者老板一样，坐享其成，舒舒服服。据梦女观察，男友的这个好朋友也是一个不大不小的老板，为什么会这样呢？难道他有求于男友？她问过男友几次，他说没有业务关系，就是朋友。但她仍然很困惑，不过男友跟别人在一起时，虽然表面和善，但总是有一股居高临下的气势，这更增添了男友的神秘感，梦女觉得男友是一个很特别的男人。

那天晚饭后，男友和他的好朋友出去办点儿事，她就先回去了。回去后没事——也不是没事，每次只要男友回来，她就好像进入了一个磁场，大脑一片空白，没有心思做其他事情，而且之后，在一起时的所有的记忆似乎变成了一片空白。当天晚上，她老早就冲完凉，把自己洗得干干净净的，等男友回来。

那天晚上很奇怪，冲凉的时候她有一种强烈的恐惧感。当她在浴帘下冲凉时，她总感觉到浴帘后有一个变态杀手会趁机冲进来杀死她。所以冲凉的时候她很不安，头老是往身后的浴帘看，看看能不能看到变态杀手的影子——那应该是一个蒙着脸、高举着匕首的投影。也许是最近恐怖片看多了吧，或者是 5 · 12 汶川地震的血腥场面看多了，梦女这样想，最开始是无端的恐惧，后来突然想到，也许自己就是喜欢用这样的想象来让自己兴奋，虽然这种想象带来的恐惧感那么真实、强烈。

后来，男友回来了。两人躺在床上的时候，她还把这件事告诉了男友。男友突然翻过身来，压在梦女身上，用一种变态杀手常有的眼神盯着她，用低沉的声音对她说："我就是那个变态杀手！"他突然用双手掐住梦女的脖子，恶狠狠地说："我要杀了你！我要杀人灭口！我要毁尸灭迹！我要把你的尸体从窗户扔出去或者剁碎全吃了！"梦女明明知道这是男友在跟自己开玩笑，但是心头仍然止不住闪过一丝恐惧感——这不是男友的常态，平时的男友总是微笑的、温柔的、平静的，让人感觉很有安全感。后来男友问她害不害怕，梦女说不害怕，因为你不是这样的人。

但是，男友说梦女错了，他的性格中有这一面。男友告诉梦女，他在她面前的表现与在社会上的表现是不一样的，完全是两种性格。在社会上，因为要生存，要竞争，所以会表现得特别强悍，有一股“顺我者昌，逆我者亡”的气势。对于小人，绝不能手软。这样才能在社会上站住脚，在男人的世界里处于有利的位置。而在她面前，却用不着这样，因为她是单纯的、温柔的、脱俗的，和她在一起，自己又回归了自然人的状态，感觉轻松、自在、放松、愉快。

梦女似懂非懂，但对男友的认识好像突然改变了，有点儿恍然大悟的感觉。原来的男友是平面的——理性、稳重但缺乏真实感，一切都好像是例行公事（包括性在内）且无关痛痒的，而且都好像是在掌控之中的；不太像是一个有血有肉的人，更多的是像一个符号、一个面具，一个虽然很近但感觉很远，虽然存在但感觉很虚幻的人；有时候梦女甚至搞不清楚：他到底是真实存在的人，还是在梦境中的人，说不定哪天真的完全从梦境中醒来，却发现原来这个人并不存在。

而那天晚上，有美丽的月光，男友第一次跟她谈社会上的事，谈他的内心世界。对于梦女而言，好像是另一个世界的事，遥远而无法捉摸。男友的话似乎特别多。他解释说，因为平时陪她的时间太少了，每次都匆匆忙忙，每次都没有很好地与她交流沟通，但是他能感觉到她的这种交流沟通的意愿。平时由于工作忙，忽视了她的这种感受，今天有时间，所以想好好弥补弥补，多和她聊聊。她当然好高兴。

那天晚上，他们还谈到了5·12汶川地震死伤的惨烈，那些血肉模糊的人，那些失去亲人的人，震后可能发生的疫情以及为了防疫喷洒的药水可能给河道带来的污染等。当谈到 5 · 19 全国默哀的警笛声和汽车的喇叭声时，梦女告诉男友，自己当时正参加学校的默哀仪式，差点儿被旁边一辆大巴车长久而刺耳的高分贝喇叭声给震聋了。男友问她为什么不离远点儿，梦女说出了自己的顾虑：当时大家都在默哀，怕自己走动会破坏这种肃穆的场面。

而这，竟然成了整个晚上的转折点，也许竟然成了梦女与男友的关系的转折点。男友当时就反问她：如果你真的因为默哀这件事让自己的耳朵震聋了，你觉得值得吗？

从这件事入手，男友跟她谈起了为受灾地区和灾民默哀的社会学意义。男友还就这个话题谈到了日常生活中个人情绪与社会情感的关系，人际关系的本质，偏见的真实性以及虚伪的意义等。

在谈社会情感这个问题时，男友列举了狼孩的例子、变态杀手的例子和《丧钟为谁而鸣》这本书。狼孩因为从小在狼群中长大，不懂社会情感，所以即使返回社会，还是表现出更多的狼性，而非人性。变态杀手往往在暴力、冷漠或者自私的环境中长大，没有环境让他可以学到友爱、同情等社会情感，因此才会如此残忍和麻木不仁。责任并不完全在变态杀手本人，而在家庭和社会。《丧钟为谁而鸣》讲他人的命运就是人类共同的命运，人类具有共同命运，当丧钟为他人而鸣时，我们必须清楚地知道：丧钟其实也正在为自己而鸣。因此，我们必须表达我们的同情，我们必须提高我们的警惕，以避免灾难再次发生。

男友继续说，我们为在灾难中死去的人默哀，其实也是为我们自己默哀，虽然有时候你并不能感觉到那种深切的痛苦，但是你必须发展自己的同情心，设身处地地用心去感受他人的痛苦。你可以按照社会约定俗成的形式来默哀，也可以按照自己的形式来默哀，关键是你真的对他人的痛苦感同身受。因此，如果大巴的喇叭声太大，你应该远离它，换一个地方，继续你的默哀，这并不影响什么，而是一种自我保护。

梦女说，有些同学平时爱在背后说别人的坏话，当面的时候，却又说好话。她对这种人的这种行为很看不惯。男友将之与社会情感体系联系起来，开导梦女说，背后说坏话是一种正常的个体情绪反应，因为当人讨厌一个人时，或者受到这个人的压迫或者伤害时，他总是要发泄出这种情绪，所以通过说坏话这种途径，总比使坏害人要好；而当面说好话，正说明这个人的社会情感体系发展得很好，因为人类只有和谐、友爱、团结才能够在自然的竞争中生存和发展，如果你感觉到你周围的同类对你不满、有敌意，你又如何来发展自己的信任体系和社会同情体系呢？如果这样的事情多了，当危难来临时，又如何能更快更好地团结起来共同抵御外敌呢？因此，背后说坏话是一种正常的个体情绪的发泄，而当面说好话却正是一种成熟的社会情感的表现，这不是一种虚伪……

那天晚上，月光很美，男友的声音犹如天籁。男友说了很多，嗓子都快哑了。梦女听着、听着，仿佛进入了一个全新的世界，旁边躺着的不再是过去的那个男友，而是一个现代版的白马王子——一个奇妙的男人，一个披着庸俗的商人外衣的白马王子，他有着令人惊叹的精神世界。

这件事情对于梦女的意义是：男友在她的精神世界里打开了一扇窗户，让她看到了一个全新的外面世界，让她有种豁然开朗的感觉。男友打开了自己精神世界的一扇窗户，让她可以进入到他的精神世界，那个对她来说，陌生、遥远而又神秘莫测的世界。而这个世界，竟然跟她原来感觉到的如此不同，原来竟然还可以跟自己的世界相通，并不像想象中的那么隔绝，竟然是如此丰富而特别。她仿佛重新认识了他，或者说，她仿佛认识了一个陌生人，一个令她一见钟情的白马王子。

一年前的那个晚上，梦女将自己的处子之身献给了男友。她还记得，那是三月初，本来应该是不会下雪的，但早上起来，透过雅诗阁酒店公寓的窗户，她看到了北方灰暗的天空飘着洁白的雪花。虽然寂静无声，但她能感觉到雪花飘落的沙沙声……地上已经一片洁白，好像世上所有的东西都被白雪覆盖了，没有留下任何从前存在过的痕迹……而她对于前一天晚上的记忆，女人一生中只有一次的记忆，却如同这雪花和这洁白的大地，一片空白，没有留下任何痕迹，似乎这件事情不是发生在自己身上……自己仿佛只是一个旁观者，甚至连这件事情是否发生过都不能确定。

一年后的这个有着美丽月光的晚上，她给予他的，却是自己处子的心灵。梦女觉得自己第一次将心灵交给他人——这个一直以来让她觉得十分虚幻和陌生的人。从前，这个人虽然与自己有无数次令人心醉的缠绵，但在自己心灵深处，却从来无法肯定他是否是真实存在的人。

今天，这种感觉却是如此真实，如此深刻，就像一年前那个三月初下雪的早上，在洁白的大地上留下来的一个个深深的脚印，永远印在心底了……

那天晚上，有美丽的月光，她觉得自己不可救药地爱上了他。奇迹发生了：在与男友相处一年后，梦女终于坠入了情网。

看来，这就是这个梦的主题：爱情萌芽了！

奇怪吗？其实一点儿都不奇怪。

仔细分析梦的第一段，就能得出这个主题。

【梦境第一段】

我梦里的梦，是一个少女常常走到一个神秘的地方，那似乎是水的世界——他的王国。她去与他相会，这个少女似乎从很小的时候（几岁吧）就开始到这个神秘的地方。曾经有人跟踪过她，那时候，她还很小，当她快要进入那个通向另一个世界的黝黑的洞口时，她像女王一样对跟踪她的人说：“你们是不可能进入的，那是他的王国！你们会被杀掉的……”

当她长大成少女时，她依然进入他的王国，不知为什么，此时她身边多了一群人，其中还有少女的父亲⋯⋯以前跟踪少女的人，似乎也终于闯进来了。谁知道呢？总之这是他的世界——他的水世界，任何事物，只要含有水，就会毋庸置疑地被他控制。

当一个女人用这么一种口吻描述一个男人的时候，你觉得这出于什么样的心情？除了崇拜，还会是什么呢？而当一个女人对一个男人产生崇拜时，那不是爱的萌芽又会是什么呢？

我们再来看看水的世界。水代表什么？柔情似水，水代表柔情，代表爱情，水的世界就是爱情的王国。水还代表什么？鱼水之欢，水又代表性爱，那种欢愉的性爱。还有，水代表窒息、沉溺、包围，无从脱逃；因此，水的世界，就是被男友包围的世界，是无法摆脱的世界。强调水的世界非常强大，这为后面那些人的死埋下伏笔。

在梦中，水的世界，爱情和性爱的世界，这个神秘的地方，是由这个男人掌管的，少女在很小的时候就去与他相会。这说明什么？这说明的是一种心理归宿，一种彻底的给予，设想自己本来就是属于他的，一直以来就是属于他的，你看：我在很小的时候就去与他相会，我的心从来就是他的，所以没什么好说的，我就是他的，别无选择。这是一种爱情心理，对自己的彻底放弃，完全地给予。

曾经有人跟踪过她，那时候，她还很小，当她快要进入那个通向另一个世界的黝黑的洞口时，她像女王一样对跟踪她的人说："你们是不可能进入的，那是他的王国！你们会被杀掉的⋯⋯"

这一段描写得多么好啊，少女对这个男人的崇拜和成为这个男人的女人后产生的自豪感跃然纸上——这是他的王国，这是我们两个人的私人领地，你们是不能进去的。我的男人是强大的，他有能力掌控和保护我们的这个领地。我已经不属于你们——想窥探我的隐私的亲人和朋友们，想进入我内心世界的人们；我已经长大成人，有了属于我的归宿；你们如果知趣的话，赶紧离我远远的吧，否则，不会有好结果的，因为我的男人是强大的，他掌控着水的世界。

这个梦境，如同一篇爱情宣言，一篇战斗的檄文，向全世界宣布：我心已有所属！闲人闪开，否则后果自负！

【梦境的第二段】

少女担心这一群人的安危，似乎她已经能预见他们终将被杀害。这是不错的，因为他是要绝对地拥有她的，毋庸置疑。她去祈求他放过他们，放过她的父亲，让他们离开这个世界。他说好！但还是必死无疑，并且死亡的方式早已被预见——这是我这旁观者的想法——这群人被带出那个世界，可是他们终将死去。

看吧，当他们刚离开那里，血如水般从他们身体里喷涌而出，他们相继在少女的身后倒下，除了少女的父亲。但是少女的父亲又如何能避免死亡呢？死亡的气息已经开始弥漫，在他的脖颈处，有一个小口，但那已足够让血如小河般源源不断地流出，以一种自然的方式，不令人察觉的方式。

少女愤怒了！她质问他：“除此之外，你还能怎样呢？除了利用水以外！”她要离开他，他没说话，乘着一股黄色的水流远去……作为旁观者，我知道他终将回来，以另一种面目，但实质不会变，他会回来找她……

这一段仍然是讲爱情。是少女期盼她的男人对她有真正的爱意。“因为他是要绝对地拥有她的，毋庸置疑”，“作为旁观者，我知道他终将回来，以另一种面目，但实质不会变，他会回来找她…… ”这是梦女感受到男友对她的爱之后，她感觉到这个男人对她的爱已经不会动摇。这个男人是爱她的，是想绝对拥有她的。

亲友们的死亡，可以理解为少女愿望的达成。这是什么意思呢？这并不代表梦女憎恨她的亲友们，希望他们死去，而是表明她要与家族精神联结决裂，或者说不愿意让他们知道自己隐私的愿望已经达成了。她已经长大成人，她已经有了爱情，她的心灵已经有了归属，所以，过去的一切请远离吧，你们不要再烦我了。现在，是我的男人掌管我的世界。

亲友们死去的场面之所以如此血腥，是因为梦女最近看了太多汶川地震的场面。这是梦的一种自由联想。梦在要表达主题时，会用梦者最近或者是令梦者印象最深的场景来表达，不管这种场面与梦要表达的意思是否一致，只要有相同的要素和象征意义就可以顺手拿来用。

对于父亲，梦女在梦境中表现出来的感情是复杂和矛盾的。梦中虽然为父亲求情，希望自己的男人放过自己的父亲，实际上却蕴涵着一种期望，期望父亲的命运和亲友们一样。“但是少女的父亲又如何能避免死亡呢？死亡的气息已经开始弥漫，在他的脖颈处，有一个小口，但那已足够让血如小河般源源不断地流出，以一种自然的方式，不令人察觉的方式。”这表明梦女内心深处对父亲有深深的怨恨。梦女为什么会怨恨自己的父亲？她怨恨父亲什么？在后面的梦境分析中我们将会讲到。

少女愤怒了！她质问他：“除此之外，你还能怎样呢？除了利用水以外！”她要离开他。

这是梦女对自己内心深处愿望的反省。虽然在梦中梦女希望借助自己的具有强大力量的男人之手，达成自己的愿望，但是，这里面蕴涵着道德的焦虑。也就是说，自己虽然怨恨自己的父亲，但是，他毕竟是自己的父亲！自己的这种想法是不是不对了？是不是暴露了自己的人性之恶呢？因此，在梦中，通过少女对男友愤怒的方式以减轻自己的道德焦虑，并对自己内心深处的怨恨进行否定，表明自己是没有这种想法的，她要自己摆脱自己的这种想法，所以“她要离开他”。

这就是上半部分梦的主题：爱情的萌芽以及由此而来的心灵独立的宣言。

梦的下半部分，涉及性。我们先来看看梦女的继续叙述，看看当晚还发生了什么事情：

那天晚上，有美丽的月光，梦女说，跟往常的每次见面一样，他们做爱了。但是，那天晚上的做爱，却跟往常不同。

那天晚上，男友带回了出差时在酒店里放置的避孕套，这是以前很少有过的行为。是的，因为梦女的大学生身份，男友对避孕的事很小心，但是却不喜欢戴套。梦女想：是不是所有的男人都不喜欢戴避孕套呢？男友觉得在两人激情难耐时，就仿佛是进入了一个纯感性的世界，如果这时候戴避孕套，就把人从那种感性的美好中拉回现实，那种感觉实在太差了。而且，男友觉得在做爱之前慌手慌脚戴套的动作很滑稽，有种为做而做的感觉，他也不喜欢这种激情中的停顿。

但是，那天晚上，男友说她可能不是处于安全期，因此想试一试戴套的感觉。梦女很好奇，因为她还从来没有认真看过避孕套是什么样子的呢。男友带回来的是那种两只装的，梦女打开其中一只，拿在手上觉得黏糊糊、滑溜溜的，还能闻到一股怪怪的香味，类似于女性身体的槐花香味。一看说明，是一种水果香味。梦女觉得很奇怪，这个玩意儿用得着带香味吗？难道香味能促进性欲？当然，最让梦女感兴趣的是避孕套前面的那个小袋袋，她不知道那有什么用，难道小弟弟要透气？问男友，男友告诉她，是用来装精液的。但是梦女又纳闷了，这么小的袋袋怎么装得下男友每次射出来的那么多的精液呢？如果装满了又往哪儿流呢？真是让人想不明白。

后来，他们做爱了。做爱之前，男友是站在床上脱裤子的。男友不喜欢躺在床上脱裤子，而是站起来，两腿叉开，站在她的腰旁，面对躺着的梦女。这时候，梦女从躺着的角度看上去，男友的“香蕉”像庞然大物，向前挺着，绷得很紧，一跳一跳的，充满生命力，仿佛一触即发。梦女很喜欢这种感觉，它能迅速点燃她的激情。

当然，那天晚上，他们是戴着避孕套做爱的。但是做到一半，男友感觉不爽，梦女自己也感觉好像不是很舒服，于是男友又把避孕套扔了，继续做爱。

后来，躺在床上，梦女觉得因大戴套的缘故，男友好像没有像往常那样满足，于是问男友，想不想要自已用嘴亲它，但男友觉得很累了，很体贴地没有要她这样做。其实，梦女是愿意的，而且她自己也想这样做，因为今天，她觉得跟男友特别亲近，她想跟他更亲近，她愿意让他更快乐。

那天晚上还有其他事情发生。梦女的妈妈打来了电话。梦女和妈妈一周会通上两三次电话，母女情深。因为梦女的妈妈和爸爸在梦女还很小的时候就离婚了，梦女与妈妈相依为命。爸爸虽然也会给一些经济方面的支持，但跟梦女情感交流很少。因此，在梦女成长过程中，爸爸的角色是缺失的。

事情总是这么凑巧，梦女与妈妈通完电话后，竟破天荒地接到了爸爸打来的电话。这让梦女觉得很怪异，心情很复杂，甚至有一种尴尬的感觉，因为，缺乏情感交流本身就是一种尴尬。爸爸从来没有打来过电话，即使是每年梦女的生日。爸爸甚至忘了梦女的生日是哪一天。当天，爸爸之所以打来电话，是因为他碰见了妈妈，妈妈责备他，说他对女儿太不关心。爸爸对女儿的感情应该是怎样的呢？梦女不知道，她搞不清这种关系，觉得很复杂。

这就是那天晚上发生的一切。讲到这里，应该大部分的谜底都解开了吧。关于性爱的那段梦境，实际上是一种自由联想和愿望的达成，没有什么特别的心理学意义。

特别有意思的是，在梦中，梦女的男友的好朋友，自己拼命工作却让朋友们代自己享受。看到这里我心想：我要是有这样的好朋友就好了！这也许是梦女的一个自私的愿望：期待有这样一个人，来完成男友的社会角色，让男友更多地与自己待在一起；或者是男友想要过更自由的生活，但真的那样了，未必不会留下遗憾，毕竟他对自己现在的社会地位至少是满意的……

最后一段，梦女在向朋友们说男友的好朋友的事，实际上是在向朋友们炫耀自己的男朋友。炫耀自己的男友时为什么要这么隐晦呢？看来这个精神世界十分丰富的梦女还有很多没有解开的谜啊……

16. 暗恋 · 学长——婚姻的困局

这个梦是 9 月 14 日凌晨 2：36 以前做的，因为我在凌晨 2：36 醒来。醒来时，梦中的情节我记得清清楚楚，但当时我有些累，没有马上把梦境记录下来。睡不着，于是，我看关于博士考试的资料书，直看到天蒙蒙亮。这份记录是后来做的，梦中的有些情节已经模糊不清了，但梦中的情绪我依然记得很清楚。

——2011.9.14　9：15

梦境的开始，我好像是在教室里，教室挺宽敞整洁的，灯光明亮。我暗恋着学长，但他是有老婆的。

学长说他要出差，结果却回来了，回到教室的座位上，他坐在桌子的左侧边角，我坐在桌子的右侧边角。我很欣喜。这时，他的老婆进来了，在离桌子不远的地方摆姿势，让学长给她拍照，摆了很多姿势，学长很有耐心地给她拍，我就在旁边看着他老婆幸福地撒娇，看学长耐心地拍照，心里没有一点儿嫉妒，好像还有点儿淡淡的幸福感吧。然后她就出去了。

这时候我拿出半个苹果给学长吃（事实上不能说是苹果，因为它很大，直径得有 20 厘米左右吧，是半个，被吃过的，而且被吃得很不规则，但是没有齿痕，表面已经氧化了，就像苹果被切开后，随意地啃了几口，然后被氧化）。忽然，我发现苹果上有一段我写的喜欢学长的话，所以递出去的手赶紧收回来，抬腿就往不知是卫生间还是厨房的地方跑。在进那个地方的时候，因为太着急关门，怕被学长追过来，还把自己的手夹在外边，使劲抽出来，有点儿疼，我在心里责怪自己，咋这么着急呢！然后拿出刀，把写着字的那一边切掉，放在手里攥住，然后把攥着写有字的那块苹果的手放在身后，把另外的苹果递给学长。然后，我假装很随意很洒脱地说，我要出去玩啦。就走出了教室。外边天是亮的，这时手中的那块苹果就变成了果核和苹果子，我就跳着把它扬向天空，有点儿如释重负的感觉，挺轻松的。

这时候，一个女孩经过，我知道她是我初中同学，就跟她打招呼，但是她像陌生人似的看了我一眼，走远了。这时，迎面走来一个女孩，和我打招呼，我好像不认识她，但是我还是笑着打招呼，她说你不认识我了吧，我好像想起来了，她是我的一个高中同学，忘了我自己说了啥，但是接下来就和她一起站在那里感叹岁月。我说，是啊，你看她（走远的那个女孩）曾经是我的初中同学，现在她都不认识我了。这个高中同学也指着远处另外一个人，说："是啊，你看到那个黑人了吗，她也是我同学，但是现在也不认识了……"

然后我就醒了。醒来时，还带着梦里淡淡的喜悦和惆怅的情绪。

梦里的学长是我现实生活中的学长，我在读研究生时，他比我高一级，河北人，个子挺矮的，但是对我很照顾。那个时候，我有两个学姐和一个学长，一个学姐因为年纪很大，有家庭了，所以见面不多，话题也少，另外一个学姐比我大两岁，但是有一个学弟对她特别好，而且她要毕业了，整天和学弟待在一起，并忙着毕业的事情，我们互动也不是很多。学长因为要直接读博士，经常和我们一起做实验，我有事情也会找他，和他说，他挺有学长范儿的。

大概是 2009 年吧，我回母校办事，得知学长已经留在了学校，结了婚，买了房子，当天跟学长和嫂子一起吃饭。我挺高兴的，也淡淡地感叹时间流逝太快。后来，得知学长去了美国深造，也不知道现在回来没有，我们自从那次见面后就再也没有联系。但是现实中，我并没有暗恋学长，他就是一个遇到困难可以依靠的学长而已。我这个人不喜欢麻烦别人，除非万不得已，我是不会打扰他的。但是，当事情真的很难解决的时候，学长却是我第一个可以咨询的人。

梦里的色彩：

苹果上写着的字是黑色的。我走出来的时候，把苹果核往天空抛的时候，看到天空上有淡蓝色的云，但是带着那种不明朗的淡淡雾气，不是阴天的那种，空气不潮湿，是干燥的。

做梦之前的生活：

这要从 9 月 12 日说起（11 号晚上我和老公是分房睡的）。大概中午 11 点多吧，我去做饭，饿了。炒菜的时候，我去切什么东西，这时候我老公（我叫他老黎）进厨房来了，忘了他说什么。我看锅就要冒烟了，就说，你就不能帮我炒一下吗？他走过去翻炒了几下，说锅里都没有水了，熟了吗？关火吧？我说你还看不出来有没有熟吗！我说这两句话时，语气不好，因为我看到他每天看电影看到那么晚，早上起来也很晚，很生气，而且他看到锅都冒烟了，却只是在那里晃荡一两下，也不说帮着炒一下，所以更生气了。结果他把火关了，说这是你炒的菜，我怎么知道要炒到什么程度！然后也生气了，回他自己的屋了。

然后我就开始反省我为啥有这样的情绪，一直想到 13 号，也就是昨天，下班后，我和同事茵茵聊了很多关于我妈妈的事，以及关于我和老黎之间的事。聊天后，我觉得，我不想考博是我不对，我不能因为妈妈跟我抱怨就决定再也不给妈妈打电话。所以晚上 7 点多和茵茵聊完后，从办公室出来，在回家的路上我就给我妈打电话，随意聊了聊，发现她有点儿敷衍。白天我给她买了一个便携 DVD，以方便她唱歌，所以就问她喜欢什么歌，我给她找。聊到她喜欢的话题，她有点儿放松了，问我和老黎好不好，我就把老黎夸了一通，结果没想到的是，我妈在那头笑了，还笑得很开心。我妈说，现在老公在你心里很厉害呗，我说那当然，我就做跟在他后边的小女人就行了，我妈又笑了。

挂了电话之后，我就觉得我妈还是特别希望她的女儿婚姻能好，她之所以抱怨大姐、二姐婚姻不好，甚至希望她们离婚，也是因为大姐、二姐把她们的婚姻裂痕展示给老妈看，老妈是心疼姑娘才那样抱怨的。现在，虽然我的婚姻也有问题，但是我从来都是表扬老黎的，说我们关系多好，所以妈妈对我的婚姻就很放心。在妈妈面前对老黎的表扬，都是真的，都是确实值得表扬的，所以我觉得我应该和老黎和解。

这个时候，因为中午没吃饭，我也饿了，就到一个饭店吃东西。因为不能刷卡，我就给老黎打电话让他过来付账，这算是我主动表达和好的意思吧。吃完了，往家走的时候，我主动挽着老黎的胳膊，拉着他的手，他没有反应，也没有拒绝。后来我开始说话，我说："你咋就不问问我为什么生气？"他说："你不是经常这样吗，我不能老被你咬啊，我也不知道你什么时候开始变得会咬人，所以现在我只能进行自我保护。"他所谓的自我保护，也就是两个人保持谁也不理谁的状态。他的话让我觉得我们没有必要和解了，因为他不想弄明白我为什么老发无名之火。

我老莫名其妙地发火，其实是因为夫妻生活。

我和老黎过夫妻生活的频率，按照年龄来说，是很低的，这里边的原因，一是我们的身体状况都不是太好；另一个是我学医，不希望房事频率太高以致伤害身体；老黎对身体保健也很感兴趣，所以基本上我们过夫妻生活的频率很低。而且，他总是熬夜缺觉，顾不上过夫妻生活。老黎在这方面也不太懂，所以除了热恋的时候我有热情外，其他的时候，因为他不懂得前戏，也不懂得爱抚，属于那种直接硬来的，一次次之后，我因为难受，也厌倦了过夫妻生活。每次过后，我都会主动和他讨论一下，或者过几天和他说一下应该怎么样，甚至到后来，我鼓起勇气说我想要夫妻生活应该是什么样的，你要怎么做。虽然我都告诉他了，但是他并不那样做，所以我挺失望的。但是对他呢，因为男人的生理特点吧，我有好些方式可以让他很舒服。每次都让他很舒服，其实我心里挺哀怨的，我就觉得我能为你考虑，你怎么就不为我考虑呢。包括炒菜这次之前，也是因为他想要了，但是我没有兴致，所以我就用口交的方式把他弄得很舒服。结果，看到我炒菜他也不帮忙，我就发火了，其实心里想的，还是你只顾着自己舒服，从来不问问我需要什么。有时候，我几个月都没有性生活，他有需要时，我都是用口或者手帮他解决，而他，从来不问我需不需要。

昨天晚上，他说他现在只能自保，我也就只能接受这种状态了。我洗完澡之后，回到我的屋，开始学了一会儿英语，然后就在空白名片卡上写字，写了很多张，特别想画画，上大学时我的漫画画得特别好，但是后来不画了，结果现在连一个台灯都画不好。当时我最想画的是一条只有鱼骨头的鱼，然后我写了文字：觉得涂鸦也是能反映人的心理的。然后还画了台灯，画了一条狗牵着一个小女孩。画到最后，我挺伤感的，流泪了，然后听着佛教音乐，开着灯就睡着了。

所以，梦境中教室灯光明亮可能是因为我是开着卧室顶灯睡着的缘故。

梦里学长的老婆是我现实生活中读大学和读研究生时的同学，现实中她个子娇小，浙江人，很聪明，穿着很时尚得体。读大学时，我们班就7个女生，她应该算是最聪明的了，学习也好。研究生毕业后留在浙江医院，嫁得也很好。我们很久没有联系了。梦里我把苹果核和子扬向天空的动作，是我在读大学和读研究生时，乃至工作后常做的动作，但不是扔水果核。当我情绪很放松、很愉悦的时候，我会跳着像小孩子那样走路，跳着跳着就向上蹦一下，如果有树的话，我会跳着够高处的枝条。虽然我32岁了，但感觉自己长不大，为人不做作，有些随心所欲。这也是有很多事情我处理得不成熟的原因吧。

说到吃水果，因为小时候家里很穷，1990年，我12岁时，全家搬到黑龙江，我第一次看到铁路和火车，第一次看到香蕉，还不知道怎么吃香蕉。随后的五六年，我们家里连吃个苹果都觉得很奢侈。记得1995年我上高中，妈妈为了给我补点儿营养（因为那时候我学习特别拼命，在她五个孩子里是学习最好、最拼命的），买了一袋子很小的蔫了吧唧的苹果，我每次吃，都是把所有的皮和肉吃掉，除了籽。到现在，我吃水果时，都是把能吃的部分全吃了。

补充一点，老黎是我高中同学。高中时我坐前边，他坐后边，我和他很少说话，我对他也没什么印象，只是感觉他挺爱玩的。高中时因为很自卑，所以我只知道读书，那时候我暗恋着隔壁班的一个男孩。下课时，我会到教室外边去摘树叶或者花叶，在那上边写一些暗恋或者喜欢之类的话。老黎对我也没什么印象，只知道我当时留短发，爱笑，学习很好。我都不记得当时我爱笑的。老黎在高中时是挺有名的淘气包，闹出不少大事，他自己也说那时候出入最多的地方就是录像厅，他是复读一年才考上大学的。我觉得他性需求不是很强，估计与他高中时看录像太多、自慰太多有关吧。青春期时总是看各种各样的色情录像难免会自慰，但是他从不承认，每次我问他，他总是岔开话题。他说他大学4年一直没谈过恋爱，他的意思是，我是他的初恋，我不知道这是真还是假，我倒不在乎我是不是他的初恋，但是我想找出他在情感上为什么会这样。

我无数次地回顾自己的人生，反省自己，觉得自己的性格可以用懦弱、敏感和自卑来概括。经历的事情多了，现在感觉自卑感几乎没有了，但是潜意识里是否还有就难说了。第一次深深地感到自卑，是在1990年我家搬到黑龙江后，读小学4年级的时候。那个时候，我第一次到城市，同学们都穿着新衣服，而我还是穿着打补丁的衣服。小学时，留给我最深的记忆是：有一个小女孩，等同学们都走光了，才背着布书包回家。她把书包捂在屁股处的补丁上，贴着墙根，低着头，往家走。小时候，真的会因为穿着破旧的衣服而感到自卑，后来，因为家境一直没有好转，自己的穿着依然不大好，使这种自卑感一直延续到高中。现在和高中同学聚会时，说起我当初因为穿着而自卑的事情，她们都不相信，那些穿着好的都说她们很羡慕我学习那么好，她们因为成绩不好而很自卑。哈哈，你看，人生真的很好玩，每个人都有不为人知的自卑感，只是触发点不同而已。

另一段让我感觉自卑的时间，是在1998年刚读大学时，我的嘴唇很厚，从小，妈妈就说我是猪卵子嘴，您知道什么叫猪卵子吗？那是农村骂人的词，它指公猪的生殖器。我妈的审美眼光跟别人很不一样，她喜欢南方那种小屁股、小嘴唇的。她说，她老是说我的嘴唇是猪卵子嘴的目的，是希望我不要总哈哈大笑，把嘴唇收着一点儿，这样显得嘴小一点儿。1998年刚到大城市天津的时候，我总是不自觉地抿着嘴不想说话，总是怕人看或者觉得人们在看我的嘴唇。直到大学一年级下学期，我遇到邻班的一个女孩子，也是我现在最好的女朋友秋华，她说你的嘴唇很性感很好看，一下子就消除了我的这种自卑感，敢开口说话，还成为生活部部长，忙得热火朝天的。大学里的我像假小子一样，班里只有7个女孩，23个男孩都是我的哥们儿，现在回想起来，那真是一段青葱岁月，虽然也有很多的困惑，但是性格张扬。现在，我变化很大，虽然还是大大咧咧的，但是再也张扬不起来了，好像张扬只属于那个年纪。

老师，我自己分析不出这个梦是想说明什么。但是，我觉得我很久没有做这样有些淡淡喜悦、淡淡惆怅的梦了，感觉还是挺好的。

这两天我一直在想：是不是一个人生活也可以活得很精彩，我是不是不适合家庭生活。昨晚上我还想，直接找老黎说离婚吧。但想想，我又忍住了。以前会很冲动地想立刻解决事情，那样做，往往都没有好结果，所以现在我学会了先放一放。而且，老师你以前建议我排除万难，赶紧去读书，所以我现在想，自己该以读书为重了。

以上就是梦女的叙述，有一点儿意识流的味道，将生活中的各种事件和心理想法都说出来了。我很喜欢这样的梦者，她们有自省的能力，这样有利于解梦。严格意义上的解梦，并不是解梦师解梦，而是梦者自我解梦。

如何来解这个梦呢？首先我们来看导致这个梦的触发因素。

梦境的触发因素自然是梦女与老公目前的关系现状。首先，前一天晚上的厨房风波是其中一个因素，此事导致了梦女对老公的不满，老公毫不顾忌她的感受，在她需要帮助的时候没有伸出援手，这是梦境中学长出现的最主要原因，因为梦女的学长正是这样的人："他就是一个遇到困难可以依靠的学长而已。我这个人不喜欢麻烦别人，除非万不得已，我是不会打扰他的。但是，当事情真的很难解决的时候，学长却是我第一个可以咨询的人。"

其次，是做梦的当天晚上梦女试图与老公和解，然而却是热脸贴到冷屁股上，令梦女十分失落："他的话让我觉得我们没有必要和解了，因为他不想弄明白我为什么老发无名之火。"

那么，既然这两件事情都令梦女不愉快，为什么梦境却出现了暗恋的场景了呢？这就与梦产生的渊源有关了。梦境的产生，有时候是源于原发情绪，比如白天高兴了，晚上就做高兴的梦；白天生气了，晚上就做生气的梦，这是一种情况。还有一种情况，梦境源于继发情绪，即白天发生了什么事情，潜意识并不是针对这一事情来做梦，而是以我们对这一事情的思考和联想来做梦。这个梦，就是源于这样一种情况，梦女情感受挫之后，思绪万千，从而形成了这一梦境。

这一思绪万千，源于梦女当天晚上独自一个人时的精神状态。当天晚上，梦女在老公那里受到冷落之后："昨天晚上，他说他现在只能自保，我也就只能接受这种状态了。"梦女开始天马行空地胡思乱想起来："我洗完澡之后，回到我的屋，开始学了一会儿英语，然后就在空白名片卡上写字，写了很多张，特别想画画，上大学时我的漫画画得特别好，但是后来不画了，结果现在连一个台灯都画不好。当时我最想画的是一条只有鱼骨头的鱼，然后我写了文字：觉得涂鸦也是能反映人的心理的。然后还画了台灯，画了一条狗牵着一个小女孩。画到最后，我挺伤感的，流泪了，然后听着佛教音乐，开着灯就睡着了。”

梦境就是在这样一种思绪和情绪状态下展开的。梦境开始就是在教室里，教室宽敞整洁，灯光明亮，这既是源于梦女是开着灯睡觉的，又是源于梦女对大学生活的美好回忆，因为“那真是一段青葱岁月”。

然后梦境一开头，就是暗恋学长，这是为什么呢？我们应该拆开来分析。

第一，暗恋的情愫是如何产生的？暗恋情愫的产生当然是源于对温情的渴望。人非草木，孰能无情？处于美好的青春年华的梦女自然渴望温暖的爱，但是，这种对温暖的爱的渴望被老公的冷落压抑住了，于是在梦境中迸发出来，得到一种情感的宣泄和释放。

第二，为什么暗恋的对象是学长？其实并不是学长，梦女对他从来没有产生过那种情愫。之所以出现暗恋的梦境，是因为梦女沉浸在自己精神世界中时的联想，跟中学时的一段情愫有关：“那时候我暗恋着隔壁班的一个男孩。下课时，我会到教室外边去摘树叶或者花叶，在那上边写一些暗恋或者喜欢之类的话。”这段情愫留给梦女的是那种“淡淡的喜悦和惆怅的情绪”。而梦女于2009年回到母校办事时，与学长和嫂子见面时的情绪同样是：“我挺高兴的，也淡淡地感叹时间流逝太快。”这两种情绪的融合就造就了这样一个梦境，因为情绪感受相类似，于是学长便进入到梦境中来，成为了梦女抒发自己对温暖的感情的渴望对象，这就是梦境惯常用的“拉郎配”——是谁并不重要，重要的是抒发情感时需要一个对象，这个对象只是道具而已，并不直接指向确定的那个人。

接下来的梦境仍然是中学时教室里的情形，梦女坐右边，他坐左边，仍然是那种默默关注，外表平静，内心翻江倒海，是“偷着乐”。这时候情况发生了变化：“他的老婆进来了，在离桌子不远的地方摆姿势，让学长给她拍照，摆了很多姿势，学长很有耐心地给她拍，我就在旁边看着他老婆幸福地撒娇，看学长耐心地拍照，心里没有一点儿嫉妒，好像还有点儿淡淡的幸福感吧。然后她就出去了。”在这里，需要注意两点：第一，梦境里学长的老婆不是他现实中的老婆，而是梦女读大学时和读研究生时的同学。第二，梦境里梦女的情绪不是嫉妒，而是“有点儿淡淡的幸福感”，为什么？

我们来看，梦女是如何描述这位同学的：“梦里学长的老婆是我现实生活中读大学和读研究生时的同学 ，现实中她个子娇小，浙江人，很聪明，穿着很时尚得体。读大学时，我们班就 7 个女生，她应该算是最聪明的了，学习也好。研究生毕业后留在浙江医院，嫁得也很好。”从这段描述我们可以看出，这位同学是梦女羡慕的人，而她在梦境中以学长老婆的形象出现，这正表达梦女内心深处的想法：希望自己能够像她那样，有一个像学长那样可靠、有耐心而且很疼爱自己的老公。自己也是一个很聪明的人，也有很好的工作，穿着也很时尚得体，也把工作和生活中的事情处理得非常完美，如果有她那样的老公，那不是很幸福的吗？所以，梦境中呈现的不是嫉妒，而是一种淡淡的幸福感，这一段梦境表达了梦女对美好婚姻生活的向往。

接下来的梦境情节一转：

“这时候我拿出半个苹果给学长吃（事实上不能说是苹果，因为它很大，直径得有 20 厘米左右吧，是半个，被吃过的，而且被吃得很不规则，但是没有齿痕，表面已经氧化了，就像苹果被切开后，随意地啃了几口，然后被氧化）。忽然，我发现苹果上有一段我写的喜欢学长的话，所以递出去的手赶紧收回来，抬腿就往不知是卫生间还是厨房的地方跑。在进那个地方的时候，因为太着急关门，怕被学长追过来，还把自己的手夹在外边，使劲抽出来，有点儿疼，我在心里责怪自己，咋这么着急呢！然后拿出刀，把写着字的那一边切掉，放在手里攥住，然后把攥着写有字的那块苹果的手放在身后，把另外的苹果递给学长。然后，我假装很随意很洒脱地说，我要出去玩啦。就走出了教室。外边天是亮的，这时手中的那块苹果就变成了果核和苹果子，我就跳着把它扬向天空，有点儿如释重负的感觉，挺轻松的。”

这一段挺有意思的，实际上是梦女少女情怀被激发之后的进一步演绎，里面夹杂着梦女童年的生活经历和高中时的自卑感。

梦女少女时期表达爱的方式是在树叶上写字：“下课时，我会到教室外边去摘树叶或者花叶，在那上边写一些暗恋或者喜欢之类的话。”为什么在这里变成苹果了呢？这与苹果给梦女留下了深刻的记忆有关：“说到吃水果，因为小时候家里很穷，1990 年，我 12 岁时，全家搬家到黑龙江，我第一次看到铁路和火车，第一次看到香蕉，还不知道怎么吃香蕉。随后的五六年，我们家里连吃个苹果都觉得很奢侈。记得 1995 年我上高中，妈妈为了给我补点儿营养（因为那时候我学习特别拼命，在她五个孩子里是学习最好、最拼命的），买了一袋子很小的蔫了吧唧的苹果，我每次吃，都是把所有的皮和肉吃掉，除了子。到现在，我吃水果时，都是把能吃的部分全吃了。”

在梦女潜意识中，苹果是最好的水果，是很舍不得吃的水果，而且通过梦境我们可以想象，童年时期的梦女是多么舍不得一次就吃掉一个苹果啊，即使那时候的苹果是那么小。每次吃苹果时候，她都会留一半，等到下次吃时，苹果的表面已经基本上被氧化掉了，但是，这对于童年时期的梦女来说，仍然是十分珍贵的水果。对于没有这样的童年经历的人来说，可能难以想象，甚至可能觉得它是一件很好笑的事情，但对于亲身经历过的梦女来说，它却成为一生之中永远无法磨灭的印记。

因此，在梦境中，潜意识自然而然地用苹果替代了具有浪漫气息的树叶或者花叶，被梦女用来表达少女的情愫(谁不想更加浪漫一点儿呢？然而，我们的浪漫是受制于我们潜意识中的深刻记忆的）。梦境中的苹果之所以显得那么大，是因为从前吃的苹果实在太小了，而且太丑了，如同梦女所说的那样“蔫了吧唧”的。

我们知道，小时候的梦女是一个自卑感极强的女孩，她小学的记忆是这样的：“有一个小女孩，等同学们都走光了，才背着布书包回家。她把书包捂在屁股处的补丁上，贴着墙根，低着头，往家走。”这就是梦女最初的自我形象，因此，这样一个自卑的女孩，是羞于表达自己的情感的。于是，梦境中就出现了一段梦女羞于表达自己情感的场景：发现苹果上有自己写给学长的表达爱慕之情的文字，有强烈的羞耻感，于是又赶紧逃跑，并想办法将写着字的那一边切掉，攥在手心放在背后，用另一只手将苹果递给学长。多么生动的一幅画面啊！这是一幅在过去的岁月中，少女含蓄地表达自己情感的经典画面。这就是梦女在当晚伤感的情绪下，在潸然泪下中，她的潜意识天马行空地营造出的温馨浪漫的情怀。

接下来的梦境是：“然后，我假装很随意很洒脱地说，我要出去玩啦。就走出了教室。外边天是亮的，这时手中的那块苹果就变成了果核和苹果子，我就跳着把它扬向天空，有点儿如释重负的感觉，挺轻松的。”梦女对此也作了阐述：“梦里我把苹果核和子扬向天空的动作，是我在读大学和读研究生时，乃至工作后常做的动作，但不是扔水果核。当我情绪很放松、很愉悦的时候，我会跳着像小孩子那样走路，跳着跳着就向上蹦一下，如果有树的话，我会跳着够高处的枝条。”我们看到，这是梦女用来表达自己轻松愉快的心情时的动作。在这里，是梦女在当晚浮想联翩中，伴随着佛教音乐进入梦境时的喜悦情绪的延伸。

梦境的最后一段，似乎发生了一些转折：

“这时候，一个女孩经过，我知道她是我初中同学，就跟她打招呼，但是她像陌生人似的看了我一眼，走远了。这时，迎面走来一个女孩，和我打招呼，我好像不认识她，但是我还是笑着打招呼，她说你不认识我了吧，我好像想起来了，她是我的一个高中同学，忘了我自己说了什么，但是接下来就和她一起站在那里感叹岁月。我说，是啊，你看她（走远的那个女孩）曾经是我的初中同学，现在她都不认识我了。这个高中同学也指着远处另外一个人，说：‘是啊，你看到那个黑人了吗，她也是我同学，但是现在也不认识了……’”

这一段梦境的主题是对生活的感叹和表达患得患失的心理。看到初中同学，向对方打招呼，结果人家理都不理，热脸碰到冷屁股。我们是不是有似曾相识的感觉？然而，当迎面走来了一个梦女似乎并不认识的人，对方给梦女打招呼时，梦女却是笑脸相迎，不让对方失望。最后，是两个人站在那里感叹人生：过去的情感似乎都不在了，大家形同陌路。

这一梦境，正是梦女表达对自己与老公关系的感叹。因为梦女提到，自己对老公的需求还是很关照的，特别是在性的方面，只要老公有需求，虽然自己有时候并没有欲望，但是还是尽可能地用其他的方式满足老公的性需求。但当自己有需求的时候，比如说做家务事，比如说性方面的需求，老公却并不尽量满足自己，让梦女觉得很失落，如同跟人打招呼却没有被理睬一样。最后，高中同学说的那个黑人，说的就是梦女的老公，是梦女内心对老公不满的发泄。

至此，这个梦就基本解开了。

透过这个梦，我们既看到了梦女所面临的现实困境，又看到了梦女内心深处的美好憧憬，如何在现实与憧憬之间保持平衡？或者说，如何让现实得到改善，并朝向憧憬的未来迈进？看来这是梦女必须思考和正视的问题。

逃避是解决不了问题的，人必须勇敢地面对问题。我觉得问题的关键，是梦女如何正确地看待夫妻之间的关系，包括责任和义务，应了解因性别和社会角色的差异所造就的人格不同，如何设身处地地站在对方的角度来看待婚姻问题，如何一分为二地来看待一个人的优点和缺点。当然，最重要的是，如何主动尝试建立起有效的夫妻沟通模式和方式，而不是一不对自己的路数就拒绝或者放弃沟通。

其实，两个人能够走到一起，十分难得，能结为夫妻，说明双方本来就没有什么原则性的矛盾。夫妻之间，大部分问题都是沟通不畅所导致的情绪问题。这种情绪压抑如果越陷越深，就会导致夫妻情绪的对立和敌意。

梦女在与妈妈打电话时夸奖老公有很多优点，如果梦女在沟通遇到障碍时，多想想老公的这些优点，又有什么问题是不可以解决的呢?

17. 梦到老公跟人走了——我们害怕的到底是什么

决定情侣关系最重要的因素是什么？爱？包容？责任感？都不是，其实情侣关系的确立是由“第三者”来决定的。而这个“第三者”，就是父母。父母是情侣、夫妻关系背后的潜意识第三者，我们童年时形成的与父母的关系模式，决定我们长大之后的情侣关系模式或者夫妻关系模式。匪夷所思吗？那就看看下面的案例吧。

经常有很多人慕名通过网络找到我，要我解决他们的问题，下面的对话也是一次在QQ上的谈话，这次谈话虽然由梦而起，但我们的谈话的内容已经完全超越了梦本身，涉及人生其他方面。

我觉得这次谈话很有意义，因为它让我们看到，导致我们梦境的原因，除了日常的喜怒哀乐之外，还有来自童年时期就隐藏在我们深层潜意识中的某些情结。这些情结，已经成为我们人格的组成部分，在我们的成年生活中，在我们的人际关系中，在我们的情侣关系和夫妻关系中，起着重要的作用，甚至令我们无法安宁，草木皆兵。

下面我们就来看看这个全部由对话组成的故事。

○↗猪妹○↗

老师您好，我是通过朋友找到您的QQ号码的，知道您非常厉害。

我最近总是做一个差不多相同的梦，感觉这不是件好事儿，能请您帮忙解一下吗？

梦侦探

那就说说吧。

○↗猪妹○↗

梦的细节记得不太清楚了，但是每次都是一个结果：我的老公跟别的女人走了。有时候是他的前女友，有时候是我的好朋友。我在一个月内做过三四次这样的梦，在梦中，每次我都很生气，都是哭醒的。

梦侦探

这只能说明你对这份感情缺乏信心，你觉得你老公跟你老做这样的梦有关系吗？

○↗猪妹○↗

我对老公缺乏自信心是肯定的。我老公身体很不好，或者换句话说，我感觉如果不是因为身体原因，他也不会找我吧。

他的病让我非常担心，我总怕有一天他会离开我。

梦侦探

既然是病的问题，为什么会牵涉到他前女友呢？

○↗猪妹○↗

在我们相处的过程中，他的前女友总是跟他联系。在我们最初接触的时候，他都不敢在他前女友面前承认我。为此我曾离开过他。他用别的方式挽回。

他倒是不主动去找那些前女友（不止一个），都是她们找他的。

直到最后一次我忍无可忍，发了一次飙，长这么大，那是我第一次失去理智。他才答应我再不跟她们联系了。

梦侦探

他身体不好，你反而找不到自信，为什么？

○↗猪妹○↗

我自己也不明白。是不是我太希望自己完美？我觉得我有心理问题。

其实，按照我的个人条件，我都比他优越。

可我还是非常担心他会离开我。

梦侦探

为什么会这样？他让你如此在乎的原因究竟是什么？

○↗猪妹○↗

我扪心自问过：如果他真离开我了，我会怎么样？

其实，我也不会怎么样。

我一直说的离开，不是指他离开我，而是指我担心他离开这个世界。

梦侦探

他的身体有这么坏吗？

○↗猪妹○↗

他得的是乙肝，倒不会马上怎么样，可是，比较严重。今天医生还跟我说，他已经处于肝硬化前期了。

梦侦探

你们平时夫妻感情怎么样？

○↗猪妹○↗

感情很好吧。但这份感情的好，并不是说爱得有多深，至少，他没有爱多深。只是，他在受伤的时候，身体不好的时候遇见了我。他对我很好，我也没有因为他有病而离开他，自然而然地结婚了。他平时对我很好。可是，我怀疑这份感情不是真爱。

梦侦探

他有出轨事实吗？

○↗猪妹○↗

和我结婚之后，他没有出过轨。这点我可以肯定。跟我在一起之前，他比较花心，有很多前女友。他自己也承认。

梦侦探

那现在是浪子回头金不换，应该是很好的一种状态，玩腻之后的回归，比从来没有出去玩过的更加稳固。

○↗猪妹○↗

自从跟他在一起，我指的是生活在一起，我们过夫妻生活的频率很低。开始，一个星期一次吧，现在是一个月一次。我们都是30岁。

梦侦探

这很正常，也许因为他身体不太好，还有，他经历过很多女人，对性的兴趣不会那么浓厚了，当然这并不代表他不爱你。

关键是平时的一言一行，你感觉怎么样？

○↗猪妹○↗

从个人外表来看，我没什么突出的优点，但婚前夸我的人也不少，说我的身材比较好。但在他面前，我一点儿自豪感都没有。从一开始，他就说不喜欢我这种身材的女生，对我没有什么激情。我感觉自己在他面前不像一个女人，我真的自信不起来。

老师，我每天工作忙碌，赚钱养家。他因为身体的原因，暂时辞职了。回家我做家务：洗菜、做饭、拖地。

我真的是没什么自信。

梦侦探

我大抵明白了，现在我们来说说你的成长环境吧。

○↗猪妹○↗

我家在一个小镇上。妈妈是农村的，爸爸是一个退伍军人，从事石油化工工作。

因为妈妈是农村的，爸爸的家人一直瞧不起妈妈。

爸爸呢，对我和妈妈很好，但是他是一个花心的人。

在我的记忆中，小时候，妈妈经常跟别的女人争执。长大后，才知道是因为爸爸跟别的女人有不正当关系。再后来，我的爸爸和我的小学音乐老师好上了。

我小时候就立志要好好学习，不让妈妈再受欺负。小学二年级的时候，我就是大队长；学习成绩从来都是班上的第一名。

但爸爸和那个音乐老师的关系让我抬不起头。全校师生都知道他们的关系。我一直感觉有人在我背后指指点点 ……

梦侦探

继续说。

○↗猪妹○↗

后来熬到了中学，我终于解脱了。因为再也不用看到那些我不愿意看到的事情了。

读初中时的一天，爸爸说要和妈妈离婚，去跟那个音乐老师结婚，说以后再也没办法照顾我和妈妈了。

我开始一声不吭，最后歇斯底里起来。我告诉爸爸，如果他敢不要我们，我就死给他看。

爸爸被我吓住了，离婚的事儿也就放下了。

那个音乐老师不是一个好女人，她有好几个男人，后来被我爸爸发现，他们就分了手。

梦侦探

还有吗?

○↗猪妹○↗

初中毕业考试后，我以很优异的成绩考到了省重点高中。

妈妈说，女孩子在医院工作好，她没钱供我上大学了。爸爸呢，也不怎么管我。我答应了妈妈，含着眼泪去了一个包分配的中专读书。这所医疗中专在大连，属于全国重点中专学校。

就这样，我来到了大连。毕业后，我没有回老家也没有服从分配。为了能有一个大连的户口，我跟大连的一家公司签订了五年的劳动合同。我从一名车间小员工做起，做到质量检查部主管。

后来，我离开了那家公司。现在，我是一家小公司的负责人。呵呵，因为是家小公司。所以只能说是小负责人吧。这些就是我的人生经历。

○↗猪妹○↗

对了，补充一下。我中间处过几个男朋友，甚至当了三年的小三儿。当然，不是经济原因，也不是因为爱情，或许我根本不懂什么叫爱情吧。我感觉我有一种报复心理。老师，您觉得呢？

梦侦探

好了，我大体知道了。

看来，你与你老公之间的问题，跟感情无关，跟你的成长经历有关。

你很优秀，但是从社会学的角度上来看，你遗传了不自信，因为母亲的出身，父母的关系，让你没有自信。但这种不自信跟你的自身条件无关，你能意识到吗？

你对你老公，害怕失去的恐惧大于爱情，也就是说，并不是因为爱，而是因为天生的害怕失去。童年的经历造成的心理创伤伤害了现在的你。

你现在能认识到这一点吗？

○↗猪妹○↗

您这样说，我大概知道了，但是，克制不了啊。现在回想起来，确实，我在每一段爱情中都心存怀疑，如果我怀疑还有其他的女人存在，我就会想办法证实。如果证实了，我会很痛苦，然后离开。

现在我知道问题在我了。

其实，有时候是我老公本身的优秀吸引了其他的女人。我应该相信我的老公。因为信任是必需的。道理懂，但是克制不住。请老师帮忙。

梦侦探

你必须度过这一关，因为这对你以后的生活和人生很重要。

要是过不了，无论遇到谁，你都会处于这种状态。

要想改变其实很简单，就是要学会放下，学会克服自己内心的恐惧，有勇气面对可能发生的一切。这样做的话，你会发现，事情会比你想象中的要好很多！

○↗猪妹○↗

还有，我那么痛恨别的女人，为什么不痛恨自己的老公或者男友呢？是因为我小时候就很痛恨这种第三者吗？

但是，长大后我自己却做了第三者。其实，我对我的男朋友们很好，但是，当我看着别的男人跟我在一起时，我就有一种莫名的快感。

梦侦探

是的，这是一种很复杂的心理：一方面，母亲的经历让你痛恨所有挖别人墙脚的女人，这是你的仇恨心理；另一方面，父亲对你们的背叛让你产生了报复心理，希望报复所有出轨的男人，你把对父亲的恨转移到了你的情感生活中，因此可以从中得到快感。

梦侦探

那时候你很小，不懂，现在你长大了，知道人的感情其实是很复杂的，不仅仅是出轨这么简单。童年的经历导致你缺乏安全感，害怕失去任何东西。事业也好，男人也好，其实这些东西对你来说并不是很重要，而只是你缺乏安全感而已。

○↗猪妹○↗

所以，在30岁的时候，我匆匆忙忙把自己嫁了。虽然嫁得很不好。但是我一直很努力很努力地经营自己的家庭。其实，这也是我想克制自己的一种方式。

您之前说过，浪子回头金不换。所以我找到了我老公这样一个浪子。我以为一切都会变好，可他还总是跟前女友联系，又一次伤害了我。

梦侦探

这是治标不治本的方式。

你要过这一关，只有一条路可做：那就是你自身的人格成长。

○↗猪妹○↗

人格成长？

梦侦探

是的，就是面对人生的勇气 ，不害怕失去，勇于面对一切。不要以攻为守，因为这是恐惧的表现。

○↗猪妹○↗

再有女人给我老公打电话或发短信，我能做到发自内心地高兴吗？

梦侦探

是的， 有什么了不起呢，你也可以给她打电话，和她交朋友。

如果她真的爱他，你还可以让出来呢，不是吗？

没有真正爱情的婚姻又有什么意义呢？

○↗猪妹○↗

嗯，是的，我也这么想。

我也跟我老公说过，如果她真的放不下你，让她来取代我。我老公如果同意，我可以让位。

梦侦探

你要做的，是寻找真正属于自己的归属，而不是维持一个令你焦虑的表面婚姻。

○↗猪妹○↗

可是，那个女的不是真心爱我老公，她如果爱他的话，能去嫁给别人然后还口口声声说忘不掉我的老公？

老师，如果出现一个女人，她非常爱我老公，我老公也非常爱她，那么我愿意让位。真的！但是，看到那种花心的女人我就忍不住愤怒，想杀她的心都有。

梦侦探

这个不是你的事情，这是他俩的事情 ，你不用操心，你要做的是，让大家一起坐下来，把这件事情谈清楚，明白三方各自到底什么意思。尊重对方的意愿是情感中最基本的准则。如果你做到这一点，你的人格就成长了。

○↗猪妹○↗

哦，我现在知道了这是我的问题，不是人家的。

梦侦探

现在的问题是你把想象当成现实了。因为你缺乏安全感，所以一遇到风吹草动，你就会神经紧张，继而产生出很多恐怖想法。这种恐怖想法会控制你的思想和情绪，令你焦虑，寝食不安，做噩梦。你老做同样的噩梦，是你在面对想象的世界时，表达自己的焦虑和愤怒，但是，这个世界并不存在，只是你脑中的幻象而已，明白吗？

○↗猪妹○↗

老师，那个女人来电话时，我老公的态度让我很气愤，他会当着我的面跟她闲聊，好像全然不顾我的气愤，直到我生气发飙，他才知道收敛。他为什么不当着我的面告诉那个女人，说我有老婆了，我老婆很介意我们通话，请以后不要再给我打电话了。我想知道他是出于什么心理？

我的前男友也给我打过电话，我当着老公的面，很从容地接电话，然后告诉前男友说："我已经结婚了，我的婚姻很幸福，所以请你不要再打电话给我，祝你幸福。”

梦侦探

他就是看到你这样过激的情绪才会这样。如果你很坦然，他反而不会这样的。此外，当出现这种情况的时候，你为什么不对他说？

○↗猪妹○↗

我说过的。我说你们如果非要聊，请尊重我。我尊重你们的过去，也请你们尊重我的现在和未来，请不要当着我的面打电话。

但他们还是一样的。直到有一次，我在我的电脑里发现了一张他没有删除的、和前女友非常亲密的照片时，我把所有的事情结合在一起，发了一次脾气，他才答应我以后不再联系了。所以，我一直觉得他之所以跟我结婚，是因为我不介意他的病，不介意他的工作，以及我对他非常好吧。

梦侦探

那现在这类事情还存在吗？

○↗猪妹○↗

答应我以后就不存在了，至少我老公不理她们了。

梦侦探

那不是有进步？

○↗猪妹○↗

老师，您知道吗？在他的前女友过生日时，他买了好些东西，准备寄给她。而且还骗我说，他要把这些东西寄给以前的一个客户，以表示感谢。我其实知道对方是他的前女友，但我还是很理智地对他说，把东西交给我吧，我单位办理邮寄很方便，我帮你邮寄！他从此再没提这些东西，而是一直放在家里，没动过。

梦侦探

这个处理得很好。

○↗猪妹○↗

老师，他是有进步了，但是，是在我的逼迫之下才有的进步。我是为了维护我的婚姻，所以才用逼迫的手段。其实，我不想这样的。

可是他们都不理解啊，他们还是那样肆无忌惮。所以我才用了逼迫的手段，迫使他们不能联系。

梦侦探

你这样做是对的，这不是逼迫，这是基本的态度和底线。

○↗猪妹○↗

这么做，也只能保一时，还能保一世吗？

老师，您知道我为什么找了一个经济条件不好、身体也不好的老公吗？

我当时以为我找到了一个爱我的男人，虽然他没有钱，没有房子，但我们可以一起努力，只要这份爱是纯真的，我就无怨无悔。

可是，后来发生了这些事。我真的很痛苦，我一直觉得现在的宁静只是一时的，是我通过强迫的手段得来的，也许有一天一切还会像原来一样。江山易改，本性难移啊。

○↗猪妹○↗

老师，其实我明白了您的意思。这些所谓我担心的事儿也许会发生，也许不会发生。您是希望我都能坦然地去面对，对吗？

来了就来了，不来更好，对吗？

梦侦探

正是！来了有什么可怕的呢？

○↗猪妹○↗

其实，来了也并不可怕，但过程很痛苦。

要是真来了，我倒是一个非常坚强的人。

可是，坦然面对对我来说怎么那么难呢？明知道道理如何，却做不到，我该怎么办呢?

梦侦探

其实，过程也不痛苦，是你自己把自己弄得痛苦，你只要坚持自己的基本态度和底线，越过这个底线，你就不让步，让一切可能的后果都来吧，有什么大不了的呢?

○↗猪妹○↗

好的，老师，经过您的开导，我有些醒悟了。其实很多东西都是我自己的心理暗示。

梦侦探

是的，只能靠你自己，真的，我说得很清楚，你想要幸福的人生，只能靠你自己，靠你的人格成长，靠你对人生的勇气，靠你不怕失去的勇气。

○↗猪妹○↗

随遇而安对我来说真的很难，包括在工作上，我都要求完美。我对自己要求很高。呵呵，有时候，我就想，我就不能放纵一下自己，辞职不干了吗?我想去西藏，那是我梦想的地方……可是，我只敢想想，我做不到:我有房贷，还有车贷，我还得养老公，养这个家，养我父母……

其实想想，没了我他们不是也活得一样好嘛！我把自己放在了一个很重要的位置上，其实我并没有那么重要。

梦侦探

是的，这都是你从小的经历造成的，其实与现实状态没有关系，要敢于舍弃。请你不要“瞻前顾后，患得患失”。人生就是勇往直前，就像那句广告词一样：没什么大不了的。

○↗猪妹○↗

好的，老师，我会记住的。

梦侦探

解决了根本性的问题，现在可以来谈谈你的梦了。

其实梦里你对失去老公并不在意，梦里面充满了你的憎恨。你的内心充满仇恨，你需要发泄。

○↗猪妹○↗

是的，老师您说得真对，我需要发泄。

我特别生气，我醒了还能生气很久呢！

梦侦探

是的，梦里的情绪就是这种憎恨心理的发泄，你被这种仇恨情绪控制住了。

○↗猪妹○↗

我曾经跟我老公说："如果她们再来电话的话，你要当着我的面跟她们说不要再打电话了。否则就把电话给我，让我发泄发泄。我太憋屈了！"

我就是憋屈。

梦侦探

这种仇恨心理让你处于自我催眠状态，自己给自己树立了很多的假想敌，每天沉浸在里面，让你极度亢奋，越战越勇，其实你自己从中也有某种"获益"。

你明白吗，有某种"获益"。

○↗猪妹○↗

嗯，这种获益就是我发泄了，还是给自己的不满找到了借口？其实这也是我释放压力的一种方式。所以，我必须放开心胸，放开自己，才能走出我的梦境，是吗？

梦侦探

是的，你有点儿复制了童年时你父母之间的关系，你想改变这种关系，占据主动，因为当时你母亲太憋屈了。

○↗猪妹○↗

嗯，是的，我就是觉得妈妈太无能、太懦弱，所以我要变得强大，这样才能保护我们自己。

梦侦探

是的，但你骨子里又因为童年时的遭遇而很自卑，这两种性格特征交织在一起。

○↗猪妹○↗

我对男人有一种征服的快感，对女人有一种没由来的憎恨。这可能是我心底的东西。

梦侦探

是的，其实你从中获得了某种充实感和快感，这就是我所说的“获益”。

你现在应放下所有的历史包袱，回归到你自己的人生。

○↗猪妹○↗

放下历史的包袱？我真不知道该怎么放呢？

梦侦探

很简单，你首先要想的是：自己需要什么样的人生？需要什么样的情感？如何做才能让自己获得真正的人生幸福？

其实，人生的幸福来自于内心的平静。

○↗猪妹○↗

嗯，我尝试着努力，但是从哪里开始呢？

梦侦探

首先不能让自己的生活变得混乱，做好风险控制，将自己的生活控制在混乱线以上，然后才能保持内心的平静。

因为平静是有勇气的表现，保持平静表明你有勇气。

○↗猪妹○↗

我不知道我要多久才能做到，但是我会努力。

梦侦探

这个不能急，首先是认识清楚，然后是在此基础上去努力，慢慢达成目标。

要知道，你形成现在这个样子花了30年，你怎么能期望3天、3个月或者3年就能改变呢？如果没有与自己的过去打持久战的准备，你很难改变自己的。

要有耐心，要有勇气，要有毅力，才能真正改善你的人生，否则今天的谈话就只是一次给你发泄的机会，不会有什么实质性的改变的！

○↗猪妹○↗

我确实需要勇气，其实我很胆小，过山车都不敢坐。我坐过一次“翻江倒海”，当时，我闭着眼睛，想着：死吧，死完了就活了。那两分钟真的好漫长啊。

梦侦探

既然这样，那就从坐过山车开始吧，这是行为疗法，一个月去坐一次过山车吧，一直坐到可以睁着眼睛坐在第一排为止。

○↗猪妹○↗

好。

然后呢，遇到事儿我都冷静，冷处理行吗？

梦侦探

冷静与冷处理是两回事。要冷静处理问题，但是不能冷处理。

要冷静地直面问题，解决问题。

○↗猪妹○↗

好！

我需要有勇气地去面对眼前的一切问题，我现在知道了，一切事儿都要坦然面对。

梦侦探

以后只有你取得进步时才能继续跟我聊天，我不会再听你的抱怨，明白吗？

○↗猪妹○↗

好的，可是我不知道怎样才算进步呢。

梦侦探

我相信你有这个判断力，你会从进步中获得欣喜。

○↗猪妹○↗

嗯，可能我一时找不到出去的口，可是我会努力的，也许某一天会豁然开朗吧。

梦侦探

知易行难，记住，人生只有一个靠山，那就是你自已。

○↗猪妹○↗

您放心吧，等我有了好消息会来向您汇报的。

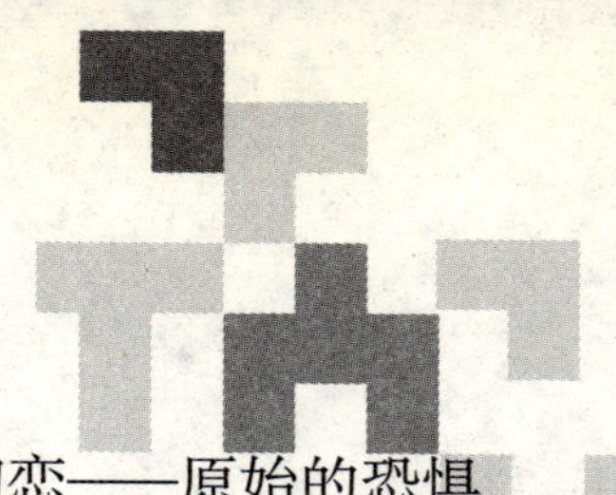

18. 厕所 · 初恋——原始的恐惧

当晚做了两个梦，15 日凌晨 4：21 醒来，做了挺规整的梦。4：30 再入睡，5：48 又醒来，又做了个很繁杂的梦，情绪感受如此清晰，以至于之前的梦境全都忘了……

——15 日 6：00

梦境的一开始是在我家，我要上厕所，就蹲在厕所那儿。老姨进来了，一看厕所就很惊奇地说："啊？厕所咋这样子啊？！哎哟妈呀，这样子我可受不了。"我本来还想蹲一会儿的，听她这样说，我就站起来，也看我们家的厕所。本来在我上厕所之前，我是没有细看厕所啥样的，因为不用看就知道我们家厕所是这样的：一个很大很深的椭圆坑，里边都是粪便和粪水，已经满满的了，我蹲的那个地方已经有粪便那种黄水溢出来了一小摊，所以我蹲的时候还要往边上挪挪，以免站在黄水里。最奇怪的是，这个坑的整条边，除了那一小摊粪水，其他边那里都是干净的，都没有粪水溢出来，但我偏偏蹲在粪水溢出的那一小块旁，在梦中，好像那里就是蹲坑，我进来就习惯性地蹲在那里。

当我站起来和老姨一起看厕所的时候，我发现厕所不是我感觉中的那个样子了：这是一个长方形的深坑，有一条长边和宽边是靠着墙壁的，我就站在另外一条长边上，厕所里的粪水也没有快溢出来，而是七分满的样子。在靠墙壁的那条长边那里，有整排的管道，看起来是新的，就是那种刷着银色漆的长管子，其中一条管子上有一个圆的带旋盘阀门，老姨走过去，转了一下那个旋盘说："转这里可以把粪便水放下去。"这时候，粪便和粪水都哗的一下往下转，就像抽水马桶一样。脏东西慢慢消失了，渐渐露出了粪池的底，底部也有盘根错节的管道。

这时候，妈妈进来了，好像拿着拖把，好像还打开了那个旋盘，放水，给厕所注满了水（注水后，粪池九分满）。当妈妈进来做这些的时候，我和老姨站在一块高地上远远看着。妈妈出去后，老姨对妈妈用水泡厕所的行为很愤慨，一边做出拖地的样子，一边愤愤地说：“就像一个拖把，十几年一直泡在水里……”她的话没说完，但梦里的我知道她的话后面的意思：这样长时间地泡着，早就烂得不成样子了。

【转画面，这段梦境讲的是我男朋友刚毕业，到我家来看我，然后要乘车回家的情景】

我和老姨站在高坡上，高坡挺平坦的，站在这里像站在露台上那样舒服。身边又多了一对男女，他们是一对恋人，也是我们的朋友。我男朋友要回家，本来打算回老家找工作，但我老姨和他说了一句话，他就打算在我家工作了，我们家有个家族企业，开饭店。

他准备回家，正收拾东西，我们四人站在高地上闲聊。他背着包就跑去赶车了，也没有和我打招呼。我就叫他：“哎，回来！”这时身边的恋人朋友说：“唉，都那样！”意思是说，相处很久的恋人之间不会那么亲密地告别啊什么的，也不会在乎很多细节了。但我一叫，男朋友又跑回来了，好像跑回我家那里去取什么东西，然后又跑到高坡这里，拉着我的手就跑。我们跑下高坡，来到一条街道上，街道特别喧嚣，我一边跑，一边问他老姨和他说啥了，他说：“确实，在家里打工也就那样……”意思是给别人打工也就挣那么点儿钱，还不如给自己家干活。

这时，我男朋友跑得太快，把东西都弄掉了，我去捡，一个人也打算低头帮我捡，我站起来抬头看，原来是一群抽着烟的小混混，旁边就是歌舞厅，他们就是那里的保安、保镖之类的，其中一个就是钢子，他比以前更壮了一些，戴着帽子，嬉皮笑脸的。男朋友拉着我的手想继续跑，我稍微拖延了一下，边回头指着钢子说："哥，等我忙完回来找你，你有我手机号吗……"我想介绍钢子给男朋友认识，就问他："你知道钢子吗？"他说不知道，等我回头想介绍的时候，混混们消失了。

男朋友拉着我的手继续跑，这时我觉得我的右鼻孔有鼻涕，但是身上一点儿纸都没有，我就用手擦鼻涕，手指擦完了还有，就用整个手背去抹，还有很多，又用手心去擦，还是有很多，他跑得稍微前边一点儿，也不回头看我，这让我擦鼻涕的时候心里有种安全感，心里有一点点那种"还好他没看到"的庆幸吧，有点儿像是刚初恋时不希望暴露自己丑态的心思。但是因为老擦不完啊，所以我心里嘀咕了一下：男朋友那里有没有纸啊。

然后，我醒了。

这个梦境挺混乱的，梦到好几个现实生活中的人：钢子、我老姨、初恋男友、我妈。

右鼻孔有鼻涕的感觉是如此的清晰，以至于醒来后我真的以为自己右鼻孔充满了鼻涕，还找纸去擦，但实际上没有。这种感觉持续了好一会儿。有鼻涕是代表我有不好意思说的隐私吗？现实中，我遇到问题包括家里的事情我都会向老公说的，那这个不想被他看到的鼻涕是代表房事吗？现实中也只有这个我不好意思和老公说。梦境没有继续，如果继续的话，我不知道接下来我是否会向男朋友要纸巾。

我对厕所描述得那样详细，是因为从小到大我经常梦到厕所。梦到过各种各样的厕所，各种各样的大便、小便的形态，大多数时候都是感觉很恶心的。这次梦到厕所没有恶心的感觉，但是当看到有那么多管道的时候我有一惊的感觉，从小我就对管道感到害怕，尤其是很粗很大的管道，单独的大管道或者成排的，比如锅炉房那种密密麻麻成排旋转的大的小的管道，都让我感到害怕。我曾经想过我到底怕什么，后来明白，我不是怕鬼，也不是怕别的，而是怕那管道里会突然冲出一条巨大无比的蛇来。读大学的时候，我们是自己去锅炉房蒸饭的，每次进锅炉房我都不敢看那些管道，更不敢停留，总是急匆匆地就跑出来了。我也害怕没有人的游泳池（只要有一个人在，游泳池就不会让我感到害怕）。到北京后，我第一份工作是在一个会所做瑜伽教练，会所里有游泳池，值早班的人要去查看水温表和到游泳池量水质。水温表在一个地下室里。地下室里有大量成排的管子和装水的大桶。每次值早班时，我都心惊肉跳地经过没有一个人的游泳池，然后到那个地下室，打开灯，犹豫半天，还是不敢下去。我以最快的速度跑到外面，喘息一下，叫清洁工人和我一起下去。我试着让清洁工人在旁边，然后我强迫自己看着那些管子和大桶，锻炼胆量。但是最后失败了，还是会害怕。

是不是蛇代表生殖器？而水则象征房事？我暗自猜测：之所以这么害怕蛇和水，是不是因为妈妈怀我的时候，有过性生活，被在羊水中的我感知到了呢？梦里，管道上的旋盘可以将粪便都释放掉，是暗示和谐的性生活可以将积怨释放掉吗？

梦里的老姨就是我现实中的亲老姨。我姥姥有4个孩子，按顺序排：大儿子、大女儿（我妈）、三女儿（我老姨）、四儿子（我老舅）。我老姨从小不爱学习，就愿意干农活，所以应该是最得我姥姥欢心的（1979年我出生的时候，我姥姥去世好几年了，所以关于我姥姥的事我没有问过，只是听妈妈讲她小时候的事情时才间接得知，姥姥对我妈很不好，就是因为她爱学习）。我老姨是个典型的刀子嘴豆腐心的人，对我们特别好，她在农村住，有点儿啥好吃的都给我们留着或送来。近两年她信基督了，不骂人了。我老姨不太认同我妈对我们的婚姻要求，她觉得孩子自己觉得好就好。我给老姨打电话时，也时常让她劝劝我妈。我老姨有个缺点，就是守不住话，我妈对她说点儿啥心里话，她就传给我舅舅、舅妈等。我妈对我老姨这点不满意。我老姨生了两个女儿和一个儿子，儿子没什么出息，儿媳妇也不好。但是两个女儿都挺有出息的，尤其是大女儿，工作特别好，嫁得也特别好，我老姨现在之所以信基督教，就是因为她大女儿信基督教。

梦中，我老姨对我妈的做法感到不满，应该也是现实的投射，我老姨对我妈的固执感到无可奈何。

钢子也是现实生活中的人，他是我在北京做的第一份工作的主管。那是 2010 年，我做瑜伽教练，他是康体部的主管。他以前是打比赛的，身材特别好，长得也挺帅的，笑容很阳光。人很善良，也爱帮助人，他很早就进入社会，没什么根基，也没有太多的文化。很好面子，你只要给他面子，他就愿意和你掏心窝子。我当时是第一次到健身房工作，很多都不懂，他没少帮助我。现在我回顾第一份工作，感触很深。我一直以为我辞职是因为主观原因，但是辞职后，同事告诉了我真相。经历了很多事情后，我再回顾，发现自己是那场职场斗争的牺牲品。斗争，真是无处不在啊。

前几天，我还想起了钢子，想着哪天聚聚。不知道在梦里为什么会叫他哥，估计与我一直想有个哥哥有关。小时候，看到同班很多女孩都有哥哥，看到她们的哥哥无微不至地关怀她们，我就特别希望有个哥哥能那样疼我。

梦中的男朋友是我的初恋男友，昨天白天同事茵茵问我，如果和男朋友分手了，还能不能做好朋友。我对她讲起我的初恋男友。他能入梦境，应该和我白天想起他有关。想想我交往过的男性，包括日常工作生活中遇到的男性，我觉得没有谁能超过初恋男友。其实，也不是初恋男友这个人有多好，而是那段感情那么纯洁，我曾经那么单纯地付出，而且他爱我比我爱他多，他和他的父母为我付出了更多。大学毕业后，我们差不多要结婚了，后来，两个人两地分居，各读各的研究生，在读研二的时候，他有外遇了，我们便分手了。

我喜欢的性生活方式是初恋男友帮我养成的，我和他每次房事都特别和谐，不像现在没有过一次高潮。我觉得老天爷真是公平啊，当年和初恋在一起时，在房事生活上，他为我着想的特别多，我都不懂为他着想，他也不用我为他着想。而现在，是我为老公着想的多一点儿，而老公一点儿也不为我着想。

我们看到，这是一个非常复杂的梦，整个梦境由两部分组成，我们先来看梦境第一部分。

【梦境第一部分】

梦境第一部分被梦女命名为厕所，确实如此，整个梦境就是描述厕所中的情况，充分说明了梦女的“厕所情结”。

一般而言，梦见厕所，这表示做梦者有某种自卑感情结或者有洁癖，这可能与性格有关，也可能与童年时的经历有关。此外，梦见厕所也表示梦者骨子里有根深蒂固的厌恶感和恐惧感。

梦境一开始是梦女上厕所，本来觉得很正常，但是这时候心直口快的老姨进来，发现厕所里的粪便都溢出来了，而梦女正蹲在溢出来的地方，而其他地方却是干净的。但是当梦女起来看的时候发现，情况并不如老姨说的那么可怕，虽然粪水很多，但是还没有到漫出来的地步。不过到处是涂有银色漆的长管子，看起来是新的，其中一个管子上还有一个旋盘阀门，转那个旋盘可以将粪水全部放走，底部露出盘根错节的管道。接下来是妈妈出现了，带着一个拖把。妈妈也打开了那个旋盘，但放的是水，似乎要清理厕所。妈妈走后，老姨却对妈妈用水泡厕所的行为表示不满，意思是什么东西一直泡在水里泡十几年，怎么都会泡烂的。

这就是第一段梦境的梗概。那么，这一梦境想要表达什么意思呢？要回答这个问题，我们必须首先弄明白梦女为什么这样害怕厕所和管子。

梦女自诉："我对厕所描述得那样详细，是因为从小到大我经常梦到厕所。梦到过各种各样的厕所，各种各样的大便、小便的形态，大多数时候都是感觉很恶心的。这次梦到厕所没有恶心的感觉，但是当看到有那么多管道的时候我有一惊的感觉，从小我就对管道感到害怕，尤其是很粗很大的管道，单独的大管道或者成排的，比如锅炉房那种密密麻麻成排旋转的大的小的管道，都让我感到害怕。我曾经想过我到底怕什么，后来明白，我不是怕鬼，也不是怕别的，而是怕那管道里会突然冲出一条巨大无比的蛇来。读大学的时候，我们是自己去锅炉房蒸饭的，每次进锅炉房我都不敢看那些管道，更不敢停留，总是急匆匆地就跑出来了。我也害怕没有人的游泳池（只要有一个人在，游泳池就不会让我感到害怕）。到北京后，我的第一份工作是在一个会所做瑜伽教练，会所里有游泳池，值早班的人要去查看水温表和到游泳池量水质。水温表在一个地下室里。地下室里有大量成排的管子和装水的大桶。每次值早班时，我都心惊肉跳地经过没有一个人的游泳池，然后到那个地下室，打开灯，犹豫半天，还是不敢下去。我以最快的速度跑到外面，喘息一下，叫清洁工人和我一起下去。我试着让清洁工人在旁边，然后我强迫自己看着那些管子和大桶，锻炼胆量。但是最后失败了，还是会害怕。"

我们看到，梦女怕水、怕管子、怕管子里（或者游泳池里）突然冲出来一条巨大无比的蛇，这是梦女从小到大一直害怕的东西。即使长大之后，尝试强迫自己面对这些东西，但依然失败，梦女无法摆脱这一梦靥。

那么，是什么事情导致了梦女潜意识中的这种恐惧感和厌恶感呢？其实，梦女自己提到了："之所以这么害怕蛇和水，是不是因为妈妈怀我的时候，有过性生活，被在羊水中的我感知到了呢？"这句话解开了这个谜。

我们不知道梦女在妈妈肚子里的时候是否真的能够感受到父母过性生

活，但是，梦女既然提到了这件事情，这就反映了梦女的真实心理，说明梦女“认为”是这样的。

在梦女的潜意识中，有这样几个奇妙的概念：

1. 自己的身世与不洁的事情联系在一起了，所以，梦女多次梦到厕所，这就是一种不洁的自我形象认知。

2. 梦女对容器装的水产生恐惧感，因为这让她联想到羊水，那个自己曾经平静地待在里面的羊水，竟然曾经被侵入过。因此，梦女对没有人的游泳池产生了恐惧感，这其实就是梦女对表面上的平静状态怀有恐惧感。

3. 梦女对管子以及管子状的物件产生了恐惧感，因为管子让她联想到男性生殖器官。长的管子更是可以直捣龙潭（子宫）的，更可怕的是，从管子里还有可能突然蹿出来一条巨大的蛇。而蛇，正是男性生殖器的典型象征。

所有这些都导致了梦女的恐惧感。有意思的是，虽然所有这些物件的指向全部与性有关，但这种恐惧，却不是指向性的，而是指向梦女的自我认知。因此，梦女长大之后，并没有对性产生恐惧感。但是，她是伴随着骨子里的自卑感长大的，极度缺乏安全感。她用表面上大大咧咧的性格特征来掩盖自己的这种不安全感，让自己获得面对生活的勇气。然而，骨子里，她敏感多疑，情绪反复无常，而且在亲密关系中形成以攻为守的行为习惯。

将这些原始恐惧和基本背景分析透了之后，这个梦就很容易解开了。

这个梦是梦女的自我反省，分为三段，第一段是梦女上厕所，结果心直口快的老姨发现厕所里的粪水都溢出来了，而梦女发现自己蹲在粪水之中。这一梦境是梦女借助于老姨的口说出了对自我目前状态的一种看法：自己现在的婚姻状态，在外人看来（老姨或者同事茵茵）是否就是处于一种非常不好的状态？老姨说：“啊？咋这样子啊？！哎呀妈呀，这样我可受不了。”说的就是这个意思。我们注意到，梦女说大部分时间梦见厕所都有一种恶心感，但是这次没有，说明这一次梦到厕所，并没有与不洁或者肮脏联系在一起，但是，与不好的事情是联系在一起，这是梦女试图从外人角度来看待自己目前的婚姻状态。

那么，梦女自己是怎么看待这个问题的呢？梦女的看法是这样的，“当我站起来和老姨一起看厕所的时候，我发现厕所不是我感觉中的那个样子了：这是一个长方形的深坑，有一条长边和宽边是靠着墙壁的，我就站在另外一条长边上，厕所里的粪水也没有快溢出来，而是七分满的样子。”这就是梦女对自己目前婚姻状态的看法：问题并没有外人认为的那么严重，还是有一定的挽回余地的。“其中一条管子上有一个圆的带旋盘阀门，老姨走过去转了一下那个旋盘说：‘转这里可以把粪便水放下去。’”事实上也将粪水放完了。这表明，还是有办法来清理目前的状态的。这个解决方案是什么呢？就是一个旋盘，梦女对此的理解是：“梦里，管道上的旋盘可以将粪便都释放掉，是暗示和谐的性生活可以将积怨释放掉吗？”我认为这种理解是正确的。厕所粪水的积压其实与性生活的频率太少有关，性生活太少，表明各方面都不通畅，所以有污秽之物积压（心理的和生理的），估计梦女与同事聊天时也会聊到类似的话题。而解决的办法，就是从问题的源头入手。因此，梦境借助于心直口快的老姨之口，说出了解决问题的关键：“转这里可以把粪便水放下去。”

梦境的第三段是妈妈拿着拖把出现。这一段最有意思的是老姨的比喻：“就像一个拖把，十几年一直泡在水里……这样长时间泡，早就烂得不成样子了。”我觉得这一段是梦女在自我审视自己的时候，对父母婚姻生活的审视。老姨的这个比喻直指父母的婚姻关系，拖把是男性生殖器官的象征，这里蕴涵了对父亲的诋毁。在梦女的心中，父亲对这个家庭的背叛，母亲的容忍和麻木，就像一个拖把泡在水里一样，那个拖把都已经烂了，你还有什么好珍惜的呢？梦女对父母婚姻生活的审视，其实是对自身的一种反思，那就是，自己千万不能像母亲那样，一辈子过这样的毫无品质的婚姻生活。

这就是第一部分梦境的寓意，是梦女对自己婚姻生活的审视。那么，梦女到底渴望什么样的婚姻生活呢？我们来看第二部分梦境的内容。

【梦境第二部分】

我和老姨站在高坡上，高坡挺平坦的，站在这里像站在露台上那样舒服。身边又多了一对男女，他们是一对恋人，也是我们的朋友。我男朋友要回家，本来打算回老家找工作，但我老姨和他说了一句话，他就打算在我家工作了，我们家有个家族企业，开饭店。

他准备回家，正收拾东西，我们四人站在高地上闲聊。他背着包就跑去赶车了，也没有和我打招呼。我就叫他："哎，回来！"这时身边的恋人朋友说："唉，都那样！"意思是说，相处很久的恋人之间不会那么亲密地告别啊什么的，也不会在乎很多细节了。但我一叫，男朋友又跑回来了，好像跑回我家那里去取什么东西，然后又跑到高坡这里，拉着我的手就跑。我们跑下高坡，来到一条街道上，街道特别喧嚣，我一边跑，一边问他老姨和他说啥了，他说："确实，在家里打工也就那样……"意思是给别人打工也就挣那么点儿钱，还不如给自己家干活。

这时，我男朋友跑得太快，把东西都弄掉了，我去捡，一个人也打算低头帮我捡，我站起来抬头看，原来是一群抽着烟的小混混，旁边就是歌舞厅，他们就是那里的保安、保镖之类的，其中一个就是钢子，他比以前更壮了一些，戴着帽子，嬉皮笑脸的。男朋友拉着我的手想继续跑，我稍微拖延了一下，边回头指着钢子说："哥，等我忙完回来找你，你有我手机号吗……"我想介绍钢子给男朋友认识，就问他："你知道钢子吗？"他说不知道，等我回头想介绍的时候，混混们消失了。

男朋友拉着我的手继续跑，这时我觉得我的右鼻孔有鼻涕，但是身上一点儿纸都没有，我就用手擦鼻涕，手指擦完了还有，就用整个手背去抹，还有很多，又用手心去擦，还是有很多，他跑得稍微前边一点儿，也不回头看我，这让我擦鼻涕的时候心里有种安全感，心里有一点点那种“还好他没看到”的心理吧，有点儿像是刚初恋时不希望暴露自己丑态的心思。但是因为老擦不完啊，所以我心里嘀咕了一下：男朋友那里有没有纸啊。

梦境的第一段是梦女与老姨站在一个平坦的高坡上，觉得舒服惬意。这其实就是梦女所渴望的婚姻状态。之所以在整个梦境中老姨一直待在身边，是因为梦女非常认同老姨的性格和为人，喜欢她那种直来直去的性格。接下来是男朋友要回家，但是老姨一句话又让他留了下来。这其实也是梦女对老公的渴望，希望老公能够多关心自己，多花些时间和精力在家庭上，但是如何说服老公呢？梦女没有信心，总觉得自己跟老公的沟通不畅。但在梦女的心中，有一个人一定可以做到，那就是老姨。因此，梦境中，老姨的一句话能劝说男朋友留下，其实是梦女的愿望达成，希望自己也能够说服老公，让他将更多的时间和精力留给家庭，留给自己。梦中，旁边站着一对恋人朋友，表达的也是这样的寓意，希望自己与老公的关系能够像恋人一样。

梦境的第二段讲恋人相处久了就不会注意细节，不会有亲密的情感表达了，这是梦女现实生活的写照。但是，为什么后面梦女喊男朋友回来，而那朋友又回来了呢？这就是梦女的一种愿望达成，希望能够这样。或者说，梦女怀念男朋友，觉得如果是他，一定会这样做。梦中，梦女继续追问男朋友老姨说了什么时，梦女又借男朋友之口说出了自己对老公的期望：老公，你不要光顾着赚钱，还要记得顾及家庭。

梦境的第三段，当梦女帮男朋友去捡掉了的东西时，一帮小混混出现了，其中有钢子，他比以前更加壮了，梦女似乎想找他，并且想把他介绍给男朋友。这一段梦境表达什么意思呢？这一段梦境其实是表达梦女对老公的期望。想想看，这帮小流氓每天想的是什么事情？那不是“耍流氓”吗？这是梦女对老公的期望，希望他能够多把一些心思放在对自己“耍流氓”上，而不是只顾着“一路往前跑”，连东西丢了也顾不得。这里的东西丢了，也寓意着梦女与老公之间某种亲密关系的丧失。而钢子哥，比以前更加壮了，这同样是梦女的期望，希望老公的身体能够像钢子哥那样健壮，这样就能有更好的精力对自己“耍流氓”了。最后，梦女想把钢子哥介绍给男朋友，其寓意是希望老公能向钢子哥靠拢，让梦女更加满意。为什么在这里梦女将钢子叫做钢子哥呢？这是潜意识的防御机制在起作用，梦女欣赏钢子的体格，但潜意识中不好意思表达这样的欣赏，于是，将两人的关系定位为兄妹关系，这样就不尴尬了。当然，钢子之所以出现在梦里，是因为梦女前几天想起来了钢子，也因为钢子为人仗义，拥有健壮的体格。

梦境的最后一段非常精彩，也是对梦境的点题。梦女梦到自己流鼻涕，怎么也止不住。刚开始是自己偷偷擦，先用手指擦，止不住；又用手背擦，还是止不住；再用手心擦，仍然止不住。实在没有办法，才想到找男朋友帮忙，希望他有纸巾，能够帮自己擦。这一梦境如此清晰，以至于梦女醒来之后还真的以为自己的鼻孔充满了鼻涕，还找纸去擦，并且这种感觉在醒来后还持续了好一会儿。这一段梦境的寓意十分明显，有鼻涕是代表梦女有不好意思说的隐私吗，而现实中，我遇到问题包括家里的事情我都会向老公说的，那这个不想被他看到的鼻涕是代表房事吗？现实中也只有这个我不好意思和老公说。”是的，无法止住的鼻涕代表梦女无法抑制的性需求。其中，从梦境中，我们还可以推出，梦女因为情欲得不到满足而有自慰行为，梦女用不同的方式擦鼻涕，还无意中流露出自己的心态：“还好他没看到。”

然而，自慰只能解决性需求问题，无法解决情感需求问题，所以，梦境的最后，梦女表达了对老公的期望，希望他能够过来帮助自己。当然，这只是梦女的期望而已，正如梦女自己所说："梦境没有继续，如果继续的话，我不知道接下来我是否会向男朋友要纸巾。"其实，这就是留给梦女自己的一个课题：是继续自己擦鼻涕，还是向老公求助呢？如果要求助，又应该用什么样的方式才能达到目的呢？采取母亲的方式肯定是不行，那么，采取老姨的方式行吗？如何采取一种更加坦诚的沟通方式进行夫妻之间的交流，从而获得美满的婚姻呢？希望梦女能够从我对这个梦境的解读中获得收获。

解梦分析报告发给梦女之后，梦女写了回信，下面是回信的内容：

成老师，这几天太忙了，18号晚上做了一个情节非常紧凑、节奏非常快的梦，醒来觉得梦境的情节太紧凑了，一个接着一个。最清晰的镜头还是厕所，觉得非常恶心。

我以前做过各种各样的梦：噩梦、恶心的梦、甜蜜的梦，等等。但是，对于做梦这回事，我却没有什么感觉。但做了这个梦后，醒来后，我对于做梦本身产生了厌恶感，再也不想做梦了。

梦境是这样的：我上厕所，穿着长及膝盖的靴子。厕所坑是狭长形的，我站起来的时候，不小心右脚一下子踏进了坑里，靴子上沾满了粪便，非常恶心。我找地方去冲，把小腿转过来转过去地冲靴子，但是上边沾的东西很黏，有的能冲掉，有的冲不掉。

然后我醒来上了趟厕所。我在想啊，梦到上厕所除了您上文说的自卑感和厌恶感外，是不是和吃得太多也有关系呢？因为18号是周日，晚上我弄了很多好吃的，结果我和老公吃过量了，吃完挺难受的，晚上就做了厕所的梦。以前做的厕所梦我都没有留意饮食，以后再做的时候我会留意一下是否和饮食有关。

我的自卑感和厌恶感有针对性吗？我对性好像不厌恶，两情相悦的时候，我还是挺享受的，只是出于保护生殖系统的考虑，不想太频繁。之所以怕管子怕蛇，我猜想：是否是我妈怀我的时候，她也经常过性生活，从而导致我对这些东西心怀恐惧。当然，这只是我的猜测而已，不一定是事实。昨天我给我妈打电话，问她怀我时是否过性生活。我妈想了想说："那能没有吗？" 所以，我也不知道是不是这个原因导致的。我怕大的管子，怕大的桶是因为怕蛇；而对于一些小的罐子，比如装奶粉的罐子，如果打开的话，我会害怕里边有虫子。生活中，各种虫子、米虫等都让我感到恐惧。

不停地擦鼻涕原来是自慰的象征，这挺有意思的。我以前也自慰过，后来，因为身体原因，也因为信奉佛教，对性生活的兴趣也淡了很多，但过性生活时也不难受。

几天前，我和老公长谈了一次，我把很多以前没有说出来的话都说了。他知道我要什么了，我也知道他在乎什么了，所以这段时间我们俩感情挺好的。现在想来，每次吵架都是一样的模式：我压抑了一些话——冷战——详细的沟通——感情进一步升温。吵架的深层原因是我的纠结，比如，我本来不爱做饭，但是觉得作为妻子必须给老公做饭，于是就勉强自己做。现在我做回我自己了，我不想做时就不做，想做时就做。老公也对此很高兴。

我觉得婆娑世界真是有意思，你是什么样的人，就会碰到什么样的人。还是按自己的内心意愿活着好。

昨天晚上我又做梦了，但对梦境没啥印象了。

回见，老师，工作愉快 ~~~

YX

2011.9.20　9：04

19. 爱的舞蹈——爱情竞争到底拼的是什么

在爱情竞争中的落败者，会有太多的想不通：自己比她学历高，比她漂亮，比她有钱，比她有气质……然而，为什么他仍然选择了她？难道男人都是瞎了眼吗？其实不然，爱情中的胜利者，一定是本能地抓住了爱情本质的人，而你的眼中所见，都是爱情的表象，而不是爱情本身。

一位年轻漂亮的80后梦女，做了一个关于舞蹈的梦，下面是她的梦境：

梦到一群女孩子似乎在准备一场舞蹈表演赛。正是妙龄，每个女孩都各有特色，清新可人。第一个表演的女孩子上场了。一颦一笑，一举一动都仪态万方，明显有专业舞蹈功底。她的外表不是很出色，但那些仪态，让我觉得她很美。

第二个女孩在台下准备，她一直在颤抖，明显很紧张。我想着等我上台的时候，也一定会很紧张。尽管我不知道怎样克服紧张情绪，但我知道自己也可以一直很紧张地跳完舞蹈。

我突然转换成第三方，出外透了透气。回来时，第二支舞蹈刚开始，改为合舞。其中最漂亮的那个女孩，不知道是因为紧张还是因为别的，总是跳错。要么抢拍了，要么又慢拍了。后来，好像舞蹈表演赛的成绩出来了。最漂亮的那个女孩的独舞成绩好像不好，被淘汰了。我在场外，正好看见她一个人走出来。我觉得有点儿惋惜。

她又在外场表演了一遍。我看了她的整支舞蹈，觉得很精彩。一出场，她穿着一袭绿色连衣裙，在道路上奔跑。后面不远不近地跟着一辆绿色的越野车，好像和她互相挑逗。女孩的舞步时慢时快，时而大步，时而小步，车亦不远不近，时快时慢。接着，女孩的前方出现一群西班牙斗牛。女孩的舞姿霎时间劲爆、激烈，引导着嗷嗷叫的壮实的斗牛。旁边围观的人群尖叫不已，女孩穿着蓝色的衣服，而并非穿红色的衣服。

女孩引导牛群反向跑，所有的人都避开让道，这时候大家开始慌乱，不知道牛到底是对红色兴奋还是对蓝色兴奋。人群里，很紧张的那个第二个上场跳舞的女孩子正好穿着蓝色的衣服，牛猛地朝她冲过来，追逐着她。这一插曲，不知道是舞蹈编排的原意，还是一场意外。蓝衣女孩被牛追逐着，前方没有路了，她轻飘飘地跨过栏杆，牛紧跟其后，猛地一跨，前蹄似乎刚好踩踏在蓝衣女孩身上，蓝衣女孩顺势倒地，牛在蓝衣女孩的前面止步。舞蹈戛然结束。

人群里响起热烈的掌声。都在为最漂亮的那个女孩子的舞蹈喝彩。我想，这样的舞蹈在室内表演，表现不好在所难免，这需要广阔的表演场地和空间，还需要用上大量的道具。但这毕竟是一场精彩的舞蹈。倒在地上的蓝衣女孩好像也没有受伤。

舞蹈表演完毕后，各自散场，我也准备回家了。回去的路上，我没有按照原路走，抄了一条从来没有走过的小道，可是进去后才发现，虽然对面就是我住的小屋，可是要过去却没有路，我得先下山，然后再上山，绕道一整圈，最后还是从后门走进小屋子。

小屋子的同伴已经离开了，屋子里仿佛空了两年，满是尘土，碗倒扣在桌子上，积了厚厚的一层灰。一张单人床空置在桌旁，正门上锁，我被反锁在屋内，与室外仅一门之隔，却出不去……

我到同学家留宿，她家就在离我租住的小房子不远的山腰上。她是我的大学同学，很出色的一个女孩子，但也很孤傲，大学时没有什么朋友。她家是一幢三层楼的小别墅，这是她和她老公的新婚房。她已经结婚，白天还要上班，我待在她家里，却发现新房房顶的墙皮好像开始斑驳了……

这是一个怎样的梦呢？我们看到，梦境似乎是梦女在观看一场舞蹈比赛，一位有着精彩表现的女孩因为发挥不好而被淘汰，梦女为之惋惜。那么，梦女是旁观者吗？抑或她就是梦中的主人公？那位穿着蓝色衣服的女孩又是谁呢？她似乎是最后的胜利者，但是，却又似乎并不是靠实力来赢得胜利的，她靠的又是什么？梦境中，一个穿红色衣服，另一个穿蓝色衣服，这又有什么深刻的寓意呢？

要揭开这个梦境，还得从了解梦女的背景开始。

原来，梦女有过一段美好的爱情，有一个自己深爱而且也深爱自己的男人，然而，“相爱容易相处难”，两人在一起时总是闹矛盾、搞对立，最终导致了分手。梦女后来反思，直到分手之后才知道自己对前男友的爱有多深，经历了这个男人就像经历了整个一生一样，梦女觉得自己的全部身心都沉浸在这个男人的肉体和精神之中，即使在分手之后，梦女却依然觉得这个男人就在自己身边，并没有离开半步，时时刻刻都能感受到他的存在、他的思想、他的温存。

在这样的状态下，梦女度过了长达一年的单身生活，梦女是一位容貌漂亮、气质出众的女孩，其间当然不乏追求者，可是梦女却有一种奇怪的感觉，觉得自己并不是单身，男友一直都在自己的身边，虽然现实并不是这样，然而潜意识里的这一想法却笼罩了她的全部生活。因此，梦女并没有谈恋爱，坚守着自己内心的情感，等待着男友某一天如天神般地突然降临。

然而，现实是残酷的，有一天，梦女收到一位好友的短信，短信说：“你前男友已经与你原来的一位同事——燕子姐姐在一起了。”

刚收到这条短信时，梦女不相信这是真的，觉得它跟以前的流言蜚语一样，完全是凭空捏造的。于是，梦女将短信转发给了前男友，没想到很快就收到了前男友的回复，明确地告诉了梦女他与燕子姐姐在一起的事实。

这消息对于梦女来说，如同五雷轰顶。虽然，燕子姐姐是自己比较能够接受的女孩，燕子姐姐为人单纯、简单、乐观，不搬弄是非、不玩弄心机，但是，梦女对于前男友这么快就有了新的女友感到震惊。对于这点，前男友的回答却是："快吗？我们分手都一年多了。"

前男友说的是事实，但是，我们看到，其实梦女一直沉浸在自己白日梦般的幻想之中，总以为与前男友的分手只是一时的意气，其实彼此之间的爱是很深的，而且彼此也很适合对方。虽然当时在一起时，梦女觉得自己在有些事情上过于纠结，这导致了自己与前男友之间存在经常性的摩擦和冷战，但是，分手之后，梦女终于想清楚了自己的这种纠结毫无意义，完全是青春期少女的那点儿小心思，完全没有必要，有时候自己想想都觉得好笑。因此，梦女早已经作好准备，只要男友回归，自己一定不会再像过去那样斤斤计较，一定会全身心地去爱男友，相信自己和前男友的感情会非常美好。

然而，这只是梦女的一厢情愿，但梦女把它当成了现实。其实，即使梦女可能真的想通了，但男友并不知道，这是其一。其二，从前男友的角度来看，可能会觉得，江山易改，本性难移。或者说，因当时两人在一起时所遭受到的挫折，前男友已经完全失去了再续前缘的信心和勇气。因此，分手之后便找了新的女朋友。

在这次短信之后，梦女与前男友见了一次面，这次见面的感觉很好，梦女似乎感到过去那种感觉又回来了。当天晚上，因为梦女住得较远不能赶回去了，前男友还给梦女开了一个酒店房间让梦女住下，自己则要赶回去陪现在的女友。但梦女抑制不住对前男友的情感，有一种要留住前男友的冲动。而前男友似乎也有某种感觉，似乎也有愿意与她再续前缘的冲动。然而，最终前男友停止了动作，整理好自己的衣物，对她说了声"抱歉"，然后离去了。

前男友离去后，梦女感觉到非常惆怅，想不到前男友竟然有如此大的毅力克制住自己。但是，梦女仍然对前男友充满期待，觉得这次见面至少是一个好的开端，也许自己与前男友还是有机会再续前缘的。

但是，这次会面之后，前男友又失去了音信，一直没有再跟梦女联系。梦女在苦苦等待了大约半个月之后，克制不住自己，通过私信与前男友联系上了，并且就两人的感情问题进行了一场对话，下面是两人当时对话的内容：

8月27日

梦女：你怎么啦？还好吧？你在纠结？我不在意谁，只在乎你。无论在哪儿，我每天必定会来关注你的微博。这是唯一能真实地感受到你存在的渠道。

8月27日

前男友：恐怕要说一声抱歉了，从目前的情况来看，我既无时间，也无精力来同时关注两个人。而且这样做也太累了，所以我觉得大家还是做朋友吧，希望你不要将心思放在我这里了，面向未来，去追寻属于自己的幸福吧！我不应该，也无能力再去承担过多的情感。希望你理解。

8月27日

梦女：我不需要你能给我什么。我知道你很累。我只是心疼你，好想在你身边不远不近地照看你。你上次说你有可能去上海工作，如果你去上海，我愿意追随你。

还有，跟你说句心里话，其实，比起和你做爱，我更愿意我们相拥在一起说话。很多时候，我也很渴望你累了的时候，可以靠在我身上歇息歇息。虽然，我还不知道能为你做什么。

8月27日

前男友：看来我没有这个命，我的身边只能有一个女人，这样我才心安。抱歉扰乱了你的心绪，但人生可能就是这样无奈，错过的东西有时候很难再回头。希望你能找到真正的属于你的幸福！你和我的关系，其实只是一场虚幻的梦，何苦用青春来做赌注呢！

8 月 27 日

梦女：我对你的情，早已经超越了现实。希望你永远都知道，有一个人不远不近地关注着你。知道吗？ 我的出发点，永远都是为你好。我不想累到你。我爱你！ 我需要时间认真思考和验证，如何才能更好地爱你。你就把我对你的情意当做空气吧！两年都如云烟般过去了，往后我也能挺过去。

8 月 27 日

前男友：真的很抱歉，我高估了自己，以为自己可以拥有多份感情，结果却发现自己的心中只能容下一个人，这是现实，所以我必须面对现实。希望你我之间的关系超越爱情，做好朋友吧，需要帮忙时，尽管开口。只要你放下从前的回忆，相信一定可以找到心灵的归宿。

8 月 27 日

梦女：那这几天你的心里一直有两个人在“打架”，是吗？最后，出于对燕子姐姐的愧疚，你让她战胜了。她完全住进了你的心里。 你好傻！不要苛求自己，你好好待燕子姐姐吧。两个女人喜欢你，又不是你的错。我有困难时会找你的，现在我好想出去流浪。我想见你时，还能再见到你吗？

8 月 27 日

前男友：没问题，但希望你能够安定下来，总流浪也不行。

8 月 27 日

梦女：是啊，总流浪不是个事。我的心受伤了啊，怎么办呢？我在北京留了这么久，好多时候都是因为想到你也在北京。你若真去了上海，假如某天我也想去上海寻找你，你会排斥我吗？

8 月 27 日

前男友：如果我去上海，燕子姐姐也会随我去上海，待在我的身边。

这次对话就这样结束了，梦女并没有得到满意的答复。梦女为前男友与其现在的女友的感情暗暗叫好，觉得他们感情能这样好，何尝不是一件让自己感到幸福的事情呢？然而，前男友是从自己身边溜走的，因为自己青春年少时不懂爱情，从而让这个自己觉得各方面都很优秀的男人就这样离开了，总是感觉不甘心。而且，自己心中的那份爱依然存在，依然还那么炽热，所以，虽然梦女祝福前男友的这份感情，然而，仍然有一种复杂的情感在内心涌起。

此次对话之后，在对前男友的回归完全失去希望之后，梦女曾经尝试新的恋情，然而，这次恋情刚刚开始就迅速结束了。梦女不知道这是因为缘分未到，还是因为前男友的幽灵在作怪。总之，这段新恋情如昙花一现，给梦女的身心留下了些许的创伤。

又过了一段时间，有一天梦女看到前男友的QQ呈在线状态，便又发起了对话。下面是对话的内容：

梦女

不知道为什么，我有种预感，觉得燕子姐姐会是陪你走完人生的人。

我仿佛总能感觉到你们俩感情的浓度，尤其是感觉到你对她的呵护和关爱。

我觉得燕子姐姐真的特别幸福。

前男友

你说得很对，是的，这就是缘分啊，真的不是人所能刻意去追求的。

梦女

人最痛苦的是，心和缘分相互背离。

前男友

是啊，人生就是这样的无奈，真的没有办法。能遇到真正的缘分，真的是人生最幸福的事。

不过，你知道，我也是花了大半生的时间才遇到自己的缘分的。由此可见，缘分并不是那么容易遇到的。

梦女

燕子姐姐很幸福，她只用了人生的三分之一就遇到了缘分。

而有些人，注定要经历很多磨难，也许到死都遇不到，或者错过了。

潘多拉盒子，如果没有被打开。或许还是幸福的。

前男友

是的。燕子姐姐真的单纯得像一张白纸，按照传统的观点，在现实生活中，这种单纯是要承担很大的风险的，但正是因为她这么纯粹，才让这段缘分成为真实。

其实，所谓遇到缘分，就是在合适的时候遇到合适的人。

如果换成在我人生中的其他时间遇见，也许并不能成就这段缘分。

梦女

我不懂你说的风险，我只觉得，你真的会一辈子对她好。

我也许真的是你们之间的一道铺垫。

前男友

也许吧。

但是，谁又不是谁的铺垫呢?

梦女

我觉得你这两年的心态转变了。

是时候拥有和燕子姐姐这样的感情了。

前男友

是的，挣扎了半辈子了，也算是上苍最后的垂青吧。

梦女

我都想不起自己是怎么错过你的。

我一直都觉得自己是你身上的一根被遗弃的肋骨似的。

找不到归属。

最痛苦的是，要硬撑着，找寻现实世界，逼迫自己去融合。

前男友

你需要改变这种心态，以前我们是作过努力的，其实，我也非常清晰地告诉过你我的内心需求，我需要寻找生命中最真实的爱，并且会不顾一切，但是你没有理解透，或者说纠结太多，从而失去这一缘分。

梦女

我觉得你倘若能再等我一段路，或许我就赶上了。

你没有等我。迅速地和燕子姐姐在一起了。

每次想起你，我都会觉得浑身在颤抖。

前男友

是的，在作出了明确的判断之后，我从来都处事果断。

我不会黏黏糊糊的，好像这也早就告诉了你，藕断丝连只会对双方造成更大的伤害。

若爱，请深爱；如弃，请彻底；不要暧昧，伤人伤己。

梦女

也许是吧，但我一直以为你会等我。

那时候，我还经常去你的QQ空间看看。直到绝望，但是一直都在期待着。

一直到今年才知道你有了燕子姐姐。

前男友

说明你对我的了解还是不够的，这也是缘分啊。

梦女

我当时一直都不明白，曾经用情这么深，怎么能说抽出来就抽出来呢？

直到亲身经历了，我也不敢相信。

我还是不敢相信，用过的情，说转身就转身了，并能迅速地进入下一段感情。

我可能永远都做不到吧。

前男友

我不喜欢那种复杂纠结的情感，从来都是，我只喜欢简简单单的、纯粹的那种情感，pure love，我追求的是这个。

梦女

那你和我在一起的时候，其实骨子里是不喜欢的？

我一直以为，你会喜欢。

前男友

如果不喜欢，怎么会在一起？但在一起之后，感觉就是很别扭，对于情感，我从来都是没有耐心的。也许，对我来说，事业比爱情更重要，我需要为事业倾注很多精力。所以，我们曾经的感情状态让我感到很绝望。

梦女

你当初在我这条路上，其实再走一步就通了。

但是你迅速地转身，走了另一条相反的路，最后也获得了想要的幸福。不管怎样，我都只能祝福你。

前男友

其实不一定，人性是很难改变的，所以人与人之间的关系融不融洽，其实一开始就注定了。真的，至少我从自己与燕子姐姐的感情发展历程上看到了这一点，没有在一起时就觉得她很好，在一起时觉得更好。

就是那种从来就是一家人的感觉，那种亲切感和亲近感，难以言说。

梦女

我知道你与燕子姐姐的情感深厚。和你说句真心话，我觉得你和燕子姐姐很有夫妻相。真的。

燕子姐姐能配你的面相，我能配你的气质。

我总感觉，我是这个世上对你用情最深的人。我所做的一切，包括顺天意，都用尽了力气。

我现在说这些话，都在颤抖。

也许你不会明白。

现在我除了理解你，祝福你，也没有其他可做的了。

我也明白，燕子姐姐和你在一起，能给你带来阳光般的温暖。

前男友

是的，我觉得你应该走出来，想想你当时的纠结，其实所有这些纠结的因素并没有改变，改变的只是我们不在一起了。

梦女

纠结的本质变了，纠结的所有因素也都变了。

以前太小了，不懂事。那时候我刚 22 岁，没有恋爱经历。

前男友

是的，也许我就是那个让你成长的人，每个人的角色都不一样，成长了，并不是失去机会了，而是获得了更多可能的机会。

梦女

爱，还是从你这儿学会的。

我若有你这么理智，也许此刻也不是女人了。

或许，你当年也不会喜欢上我。

前男友

你想想，我折腾了几十年，承受了多少痛苦和磨难，机会才降临了。没有什么是那么容易的。

梦女

你现在总是教导我，要我走你的道路。

你对燕子姐姐是真心呵护。你肯定一刻都没想过要去改变她。

但过去你总是想改变我。

前男友

她不需要改变，你太需要改变了。

梦女

你现在想让我改变的方向已经不一样了。

以前你是从感性的方向引导我。现在是从理性的方向引导我。

前男友

我曾经花了很多的精力和心血想要改造你，让你变成我期望的那样，可是结果却是我的绝望和崩溃。而燕子姐姐，她不需要进行任何改造，她就是那个样子——我期望的那个样子——默默地站在我身边。

这就是我命中注定的缘分，我相信。

梦女

是的，我相信你们（的缘分）。

这就是当时的QQ对话，梦就是在对话的当天晚上做的。看完这些背景资料，这个梦就很容易理解了。

整个梦就是梦女对这一段情感纠结的认知。第一个上场的女孩子："一颦一笑，一举一动都仪态万方，明显有专业舞蹈的功底。"这个女孩正是梦女自己。梦女对自己的认知是这样的："她的外表不是很出色，但那些仪态，让我觉得她很美。"表达的是梦女对自己的气质和能力感到非常自信。

第二个上场的女孩子的情况却是这样的："她一直在颤抖，明显很紧张。"看来这是一个青涩的女孩，青涩到连梦女都替她担忧："我想着等我上台的时候，也一定会很紧张。尽管我不知道怎样克服紧张情绪，但我知道自己也可以一直很紧张地跳完舞蹈。"在梦境中，梦女对这个女孩并无恶意，因为在梦境的开头，梦女对各个女孩的印象是：“正是妙龄，每个女孩都各有特色，清新可人。”

很显然，梦中第二个上场的女孩，就是前男友的现女友燕子姐姐。前男友先有梦女，然后有了燕子姐姐，所以，梦中第二个上场的女孩就是现实中的燕子姐姐。

但是，这时候情况发生了戏剧性的变化，梦境是这样来演绎的：

【梦境一】

第二个女孩在台下准备，她一直在颤抖，明显很紧张。我想着等我上台的时候，也一定会很紧张。尽管我不知道怎样克服紧张情绪，但我知道自己也可以一直很紧张地跳完舞蹈。

我突然转换成第三方，出外透了透气。回来时，第二支舞蹈刚开始，改为合舞。其中最漂亮的那个女孩，不知道是因为紧张还是因为别的，总是跳错。要么抢拍了，要么又慢拍了。后来，好像舞蹈表演赛的成绩出来了。最漂亮的那个女孩的独舞成绩好像不好，被淘汰了。我在场外，正好看见她一个人走出来。我觉得有点儿惋惜。

梦境的这一段很有意思。首先是梦女换成了第三方，出去透透气。这正是梦女对自己与前男友感情关系的描述，梦女似乎觉得自己与前男友的分手不是真的分手（潜意识中可能真的这么认为），而只是出去“透透气”，并没有离场，最多只是中场休息。然而，当梦女回来时，情况却发生了翻天覆地的变化。

这一变化，是比赛开始进入第二回合，不是独舞而是改为合舞了。这意味着，梦女已经不是一个人在跳舞了，因为还有其他人。它表达的意思是：梦女与前男友分手之后，不经意间出现了竞争对手。合舞则表达她和男友的情感关系格局出现了变化。在这一回合中，“其中最漂亮的那个女孩，不知道是因为紧张还是因为别的，总是跳错。要么抢拍了，要么又慢拍了。”

这一段表达梦女对自己的表演不满意，总是没有踩到节拍，总是不能摸准前男友的心态，于是结果便是："后来，好像舞蹈表演赛的成绩出来了。最漂亮的那个女孩的独舞成绩好像不好，被淘汰了。我在场外，正好看见她一个人走出来。我觉得有点儿惋惜。"这是一种不幸的结局，梦女为之惋惜，其实是为自己惋惜。为什么惋惜？因为并不是自己不够好或者不够优秀，而是因为发挥得不好。

接下来的梦境表达的就是梦女的这种观点：

【梦境二】

她又在外场表演了一遍。我看了她的整支舞蹈，觉得很精彩。一出场，她穿着一袭绿色连衣裙，在道路上奔跑。后面不远不近地跟着一辆绿色的越野车，好像和她互相挑逗。女孩的舞步时慢时快，时而大步，时而小步，车亦不远不近，时快时慢。接着，女孩的前方出现一群西班牙斗牛。女孩的舞姿霎时间劲爆、激烈，引导着嗷嗷叫的壮实的斗牛。旁边围观的人群尖叫不已，女孩穿着蓝色的衣服，而并非穿红色的衣服。

女孩引导牛群反向，所有的人都避开让道，这时候大家开始慌乱，不知道牛到底是对红色兴奋，还是对蓝色兴奋。人群里，很紧张的那个第二个上场跳舞的女孩子正好穿着蓝色的衣服，牛猛地朝她冲过来，追逐着她。这一插曲，不知道是舞蹈编排的原意，还是一场意外。蓝衣女孩被牛追逐着，前方没有路了，她轻飘飘地跨过栏杆，牛紧跟其后，猛地一跨，前蹄似乎刚好踩踏在蓝衣女孩身上，蓝衣女孩顺势倒地，牛在蓝衣女孩的前面止步。舞蹈戛然结束。

人群里响起热烈的掌声。都在为最漂亮的那个女孩子的舞蹈喝彩。我想，这样的舞蹈在室内表演，表现不好在所难免，这需要广阔的表演场地和空间，还需要用上大量的道具。但这毕竟是一场精彩的舞蹈。倒在地上的蓝衣女孩好像也没有受伤。

这一段是梦女为自己的辩护，觉得自己与前男友的感情关系没有处理好，不是因为本身的原因，而是源于“场地”的限制——也就是环境的制约。如果能够给予梦女足够宽松的环境：“这需要广阔的表演场地和空间，还需要用上大量的道具。”梦女也可以奉献一场精彩绝伦的舞蹈表演，一定可以征服男友，赢得男友的心。

梦境中，这一段舞蹈的表演确实精彩纷呈，扣人心弦：先是梦女穿着一袭绿色的衣服与一辆绿色的越野吉普车互动，接下来又换成了蓝色的衣服，越野吉普车变成了西班牙斗牛，舞蹈场面异常刺激，惊险万分，但女孩似乎跳得得心应手。这一段表达的是梦女在与男友分手之后的反思，觉得自己其实是可以驾驭双方之间的感情的。从梦境中也可以看出，要驾驭双方之间的感情并非易事，因为男友一会儿化身为越野吉普车，一会儿化身为嗷嗷叫的壮实的公牛，这说明了梦女的前男友也非一般角色，需要梦女用心对待，才能赢得他的心。

但这时候出现了混乱，公牛不知道到底是对红色兴奋还是对蓝色兴奋，其实这表达的是梦女不知道前男友到底喜欢什么样的人，本来斗牛士都是穿红色的衣服来使公牛兴奋，但梦女潜意识中知道前男友可能并不喜欢这样，可能他喜欢的是另外的类型，所以梦女在斗牛时选择了蓝色衣服。然而，即使选择了蓝色衣服，公牛却跑错了方向，跑向了第二个出场的穿蓝色衣服的女孩。梦女对这种情况有点儿迷惘，“不知道是舞蹈编排的原意，还是一场意外。”也就是说，梦女对前男友在感情方面的选择感到迷惑：其实自己也具备燕子姐姐这样的特质（都是穿着蓝色衣服），为什么男友选择了她而没有选择自己呢？

这个女孩与公牛在互动中出现了戏剧性的一幕：“蓝衣女孩被牛追逐着，前方没有路了，她轻飘飘地跨过栏杆，牛紧跟其后，猛地一跨，前蹄似乎刚好踩踏在蓝衣女孩身上，蓝衣女孩顺势倒地，牛在蓝衣女孩的前面止步。舞蹈戛然结束。”为什么蓝衣女孩能够让公牛稳定下来？也就是说为什么燕子姐姐可以让前男友稳定下来？而舞蹈的结束也表明了这场情感纠葛就这样结束了，似乎还没有分出胜负，比赛就结束了，这让梦女有些不甘心。

接下来的梦境表达的正是梦女的这种感觉：“人群里响起热烈的掌声。都在为最漂亮的那个女孩子的舞蹈喝彩。我想，这样的舞蹈在室内表演，表现不好在所难免，这需要广阔的表演场地和空间，还需要用上大量的道具。但这毕竟是一场精彩的舞蹈。”这是梦女对自己与前男友感情的反思：从本质上来说，梦女对与前男友的情感关系是十分满意的，但是因为自己青春年少，由于不懂爱情，竟然丧失掉了这么好的一段情感，令梦女难以释怀。“倒在地上的蓝衣女孩好像也没有受伤。”意思是，你看燕子姐姐，同样是与前男友发生感情，却从来没有受到过伤害，感受到的都是前男友对她百般的呵护和疼爱。

表演结束了，一切已经尘埃落定了。没有办法了，必须自己寻找归属，下一段梦境正表达了这样的心理：

【梦境三】

舞蹈表演完毕后，各自散场，我也准备回家了。回去的路上，我没有按照原路走，抄了一条从来没有走过的小道，可是进去后才发现，虽然对面就是我住的小屋，可是要过去却没有路，我得先下山，然后再上山，绕道一整圈，最后还是从后门走进小屋子。

小屋子的同伴已经离开了，屋子里仿佛空了两年，满是尘土，碗倒扣在桌子上，积了厚厚的一层灰。一张单人床空置在桌旁，正门上锁，我被反锁在屋内，与室外仅一门之隔，但出不去……

我到同学家留宿，她家就在离我租住的小房子不远的山腰上。她是我的大学同学，很出色的一个女孩子，但也很孤傲，大学时没有什么朋友。她家是一幢三层楼的小别墅，这是她和她老公的新婚房。她已经结婚，白天还要上班，我待在她家里，却发现新房房顶的墙皮好像开始斑驳了……

我们看到，回去的路上，梦女发现了一条捷径，本以为走捷径可以尽快到家，却发现原来是“镜中月，水中花”，此路不通。不仅如此，还要走更多的弯路才能到家，最后还是从后门进家的，多惨！

这一段梦境表达的意思：与前男友再续前缘彻底无望之后，梦女开始了一段短暂的新恋情，梦女觉得自己似乎终于找到了需要的情感，结果却是刚刚开始就结束了。本以为找到捷径，结果却是一条弯路。在经历了这样一段情感之后，梦女可能要走更多的弯路才能找到情感的归宿，因为每受伤害一次就会更加谨慎一点。最后是从后门进家的，说明这次短暂的恋情带给梦女的伤害，不仅仅是情感上的，可能还有面子上的，可能让梦女感到颜面全无。

接下来的梦境是梦女对自己“心灵尘封”的再次认知，因为“小屋子的同伴已经离开了”，而“屋子里仿佛空了两年，满是尘土，碗倒扣在桌子上，积了厚厚的一层灰。一张单人床空置在桌旁，正门上锁，我被反锁在屋内，与室外仅一门之隔，却出不去……”这一段梦境生动形象地表达了梦女对自己“心灵尘封”的认知，特别是那种“被反锁在屋内，与室外仅一门之隔，却出不去”的感觉，读来令人心酸，同时也令人感慨万千。

梦境的最后，是梦女无处可待，表达了她的心灵处于游荡状态，没有归属感，只得寄住他处。梦境中，梦女的同学是一个出色而孤傲的女孩，这个同学是梦女自身的写照。这个女同学似乎很幸运：已经结婚了，还住在一幢三层的小别墅里。然而，梦女却发现“她白天还要上班，我待在她家却发现房顶的墙皮好像开始斑驳了……”这是梦女对他人情感的有感而发，还是对情感本质的演绎？不得而知。然而，透过这个梦境，我们看到梦女对感情产生了质疑：美好的感情还存在吗？如果存在，又在哪里呢？